Metafísica
4 en 1
Vol. II

Colección Metafísica
CONNY MÉNDEZ
(1898-1979)

EDICIONES GILUZ
BIENES LACÓNICA, C. A.
DISTRIBUIDORA GILAVIL, C. A.
2016

Metafísica 4 en 1. Vol. II

Conny Méndez

Segunda edición, reimpresión de octubre de 2016
Derechos exclusivos conforme a la ley reservados para todo el mundo:
Copyright © 2001, 2016 **Distribuidora Gilavil, C.A.**

Editado por:
Bienes Lacónica, C.A.
ISBN-10: 980-6114-09-4
ISBN-13: 978-980-6114-09-8

Distribuidora Gilavil, C. A.
Apartado Postal 51.467
Caracas 1050, Venezuela
Tel: +58 (212) 762 49 85
Tel./Fax: +58 (212) 762 39 48

infolibros@metafisica.com
www.metafisica.com - www.connymendez.com
Facebook: Conny Méndez - Metafísica
Twitter: @connymendez
Instagram: @connymendez

Diagramación de portada y textos: Diego Gil Velutini

¿Qué es la Metafísica?

Colección Metafísica
CONNY MÉNDEZ

(1898-1979)

EDICIONES GILUZ
BIENES LACÓNICA, C.A.
DISTRIBUIDORA GILAVIL, C.A.

Conny Méndez

Prólogo

Me llena de emoción el presentar este librito de la Amada Maestra Conny a todo el discipulado metafísico, como también a todos aquellos que deseen entrar a esta enseñanza, camino seguro y amplio que nos lleva a la unificación total universal de toda la humanidad.

Este librito procede de una cinta que dejó Conny grabada, la cual fue llevada a cassette, (y proximamente a audiolibro. N. de E.), con el propósito de llevarle a la gente la voz de Conny y sus conocimientos; y siendo su contenido tan valioso e importante para todo ser, sus familiares decidieron imprimirlo como una joya más a su colección de libros.

Gracias por haberme dado esta oportunidad. Con todo mi afecto,

LUISA DE ADRIANZA
(Nenena)

Introducción

*A*nte todo quiero decirles que, como muchos de ustedes saben, yo hablo en lo que suelo llamar *palabras de a centavo* porque quiero que todo el mundo comprenda lo que es la **Metafísica,** desde los niños de diez años en adelante. Por eso hablo en *palabras de a centavo.* No tengo pretensiones literarias, ni vuelos de retórica; ésa es la primera razón. Y la segunda es, mis amigos, que estamos en la Era Apocalíptica y es recomendable que no exista más ocultismo. Se acabó la Era en que las cosas estaban ocultas. Ahora ésta es la Era de la Luz y la Verdad y todo el mundo tiene el derecho de conocer todas esas cosas que estuvieron ocultas a través de tantísimos siglos y que nadie debía conocerlas; no se sabe por qué, aunque lo cierto era que permanecían en la oscuridad.

La humanidad tiene derecho a saber todo lo que Dios ha creado y eso —lo oculto— es creación de Dios. De manera que se acabó el ocultismo. El Apocalipsis dice que no quedará de la mentira piedra sobre piedra, que todo lo que es oculto saldrá a la luz del sol, al público. Así pues, las instituciones que todavía están ocultando sus enseñanzas deben saber que ya eso se acabó.

Estamos en la Era de la Luz y la Verdad; por consiguiente, no puede quedarse nada oculto. Ya lo saben.

La Palabra Metafísica

Quiero que sepan con respecto a la palabra *Metafísica* que existe una creencia generalizada de que eso quiere decir «brujería» o «espiritismo». Bueno, señores, la palabra *Metafísica* significa *más allá de lo físico,* o sea, lo invisible que no tiene forma. Pero de allí a que quiera decir «brujería» estamos muy mal parados; porque el aire es invisible y no tiene forma y entonces, ¿si fuera brujería? ¡Qué mal estaríamos todos nosotros que estamos respirando! De manera que *Metafísica* quiere decir, simplemente, *más allá de lo físico,* lo invisible y sin forma, aunque ha quedado esta palabra ahora para denominar una filosofía práctica para la vida diaria. *Filosofía práctica para la vida diaria,* fíjense bien, basada en un descubrimiento **sensacional** que se realizó hace menos de un siglo y que se ha ido difundiendo por el mundo poquito a poco. Y por ser **sensacional** se ha difundido en el mundo como se ha difundido, porque el mundo necesita algo que lo «jamaquee»*, una cosa **sensacional** para que se mueva y esto es así y se basa en el descubrimiento **sensacional** que se les voy a decir.

---

* «jamaquee»: utilizado en el sentido de agitar, darse cuenta de.

La Metafísica no es brujería

*L*a «brujería» es el uso de los poderes divinos que todos tenemos, pero empleados por egoísmo, por maldad; ésa es la «brujería». Porque conocen que el egoísmo es lo contrario del amor; el egoísmo dice: «Pa' mí»* y el amor dice: «Para todos». De manera que quien emplea «brujería» va donde las brujas; tiene mala intención; tiene intención de acaparar, de ejercer poderío sobre los demás: es egoísta. Bueno, ese poderío que se ejerce sobre los demás quiero decir que nosotros tenemos derecho a todo, todo, todo lo que hizo Dios. Tenemos derecho y, por consiguiente, el que trata de reservarse y conservar para sí el poderío es para ejercerlo sobre los demás y esclavizarlo. La *Metafísica* es todo lo contrario: está basada en el Amor Universal, en el Bien, en la Paz, en la Armonía; ésa es la *Metafísica;* es para todo el mundo; no tiene nada de oculto; es una práctica científica. Fíjense bien: la ciencia y la religión han sido como aceite y vinagre durante todos estos tiempos; pero hoy en día la *Metafísica* —que es científica— está dando pruebas de que no tiene por qué seguir siendo así; se puede ser muy bien religioso y metafísico, puesto que es una ciencia, basada en la

---

* «Pa' mí»: para mí.

religión, basada en el cristianismo. Bueno, la *Metafísica* fue redescubierta —porque ha sido un redescubrimiento—, ya que en el mundo no hay nada nuevo bajo el sol, todo se conoce desde siempre. Ahora lo que sucedió fue que, por múltiples razones, desapareció. Y yo les voy a decir estas razones.

El Maestro Enoch
y su enseñanza

*E*l Primer Maestro del mundo entero fue Enoch, un descendiente de Adán (porque Adán fue el primer hombre), y lo llaman el primer hombre de la misma manera como podríamos decir hoy que Armstrong es el primer hombre de la Era espacial, ya que fue el primero que puso pie en la luna. Eso lo dirá la gente en el futuro: que Armstrong fue el primer hombre, porque si hubiera habitantes en la luna para ellos lo sería. Y por eso es Adán el primer hombre de la civilización, con razón, llamada adámica. Enoch fue un descendiente de él; vivió trescientos años; era el padre de Matusalén, quien vivió novecientos años; pero Enoch no murió; ascendió tal como lo hizo el Maestro Jesús. Eso es una prueba de un gran adelanto y de iluminación. Enoch fue, pues, el Primer Maestro de nuestra civilización y un hombre sumamente notable y grande en un mundo como aquél, en el cual no había ni correos, ni periódicos, ni radio, ni televisión, es decir, no había comunicaciones de ninguna clase. La enseñanza de ese hombre se esparció por todo el mundo de entonces y en cada país lo llamaban según el idioma que se hablaba. En Egipto, Thot, el dios Thot; algunos lo llamaban el Escriba de los dioses; y en Grecia lo llamaban Hermes, Hermes Trimegisto, *Tres Veces Grande;* en Egipto a Thot lo llamaban *Dos Veces Grande;* y en Fenicia lo llamaban Cadmus, *Cinco Ve-*

ces Grande; cada país se lo quería apropiar, lo quería para sí porque aquél era un hombre tan grande que sabía de todo y dejó enseñanza sobre todo. Escribió en aquella época, cuando no había libros ni nada de eso, cuarenta y dos libros; pero, además, fue el autor de cuanto se puede imaginar: Cosmogonía, Cosmografía, Geometría —así llamaban entonces a la matemática—, Geografía Celeste, la Kábala y el Tarot. Todo eso lo escribió Enoch; pero él era judío y allí empezó la lucha contra los judíos. Porque todo el mundo quería apropiarse a Enoch y decían que les pertenecía. Los egipcios decían que no, que era Thot y era un dios egipcio; y los griegos decían que se llamaba Hermes Trimegisto y, por lo tanto, griego. Pero, en realidad, era judío: era Enoch, de raza judía. Eso no se lo podía perdonar nadie.

Con el pasar del tiempo lo perdonaron menos; le tenían odio, una rabia tremenda porque era un hombre muy grande. Y pensaban ellos: «¿Cómo es posible que sea de esa raza un hombre tan grande, alguien tan notable?». Eso no lo querían perdonar, pero tuvieron que «tragarlo» porque era Enoch el Grande. Caín tuvo un hijo, pero no fue quien se dice. Fue Enoch el Grande. Es bueno recordar que a partir de la sexta generación, después de Adán, se creó la Universidad de Heliópolis. Allí se educaron Moisés y el Sacerdocio egipcio; pero lo más importante residía en que allí se aprendían todas las en-

señanzas de Enoch y, tiempo después, al fundarse la
Secta Esenia, estas enseñanzas continuaron transmitién-
dose. Por otra parte, en el siglo IV después de la venida de
Jesucristo, empezaron a tratar de desligar al Maestro Jesucristo de su origen judío. Primero le decían que era gali-
leo, después que era gentil; en fin, trataron de desligarlo
de su origen judío y la enseñanza cristiana querían hacer-
la parecer como que no venía de Enoch por ser judío. El
odio de la raza y de la persecución. La Iglesia de ese entonces hizo quemar todo, absolutamente todo, lo que con-
tuviera las enseñanzas de Enoch o de Hermes, Cadmus o
Thot porque se sabía que eran una misma persona. Con el
correr de los siglos, la persecución se hizo tan horrorosa
que no se podía mencionar a Enoch. Hubo grandes con-
troversias cada vez que se le nombraba. Una vez apareció
una copia de un libro, *El libro de Enoch,* en Abisinia, y
otra copia en Etiopía. Esas copias fueron a parar a Rusia
—la de Abisinia— y la de Etiopía a Inglaterra. Naturalmente, el libro se guardaba bajo siete candados y se depo-
sitaba en pozos profundos; no podían ser vistos por nadie;
era cosa prohibida. La copia de Rusia desapareció, no hemos sabido nunca nada de ella; sin embargo, la copia de
Inglaterra se halla en la Abadía de Westminster y, aunque
muy pocos podían llegar a examinarla, hubo un Obispo
anglicano que sí la leyó e hizo el descubrimiento **sensacional** que les digo. Inmediatamente llevó a cabo la traducción que pudo porque lo que descubrió —y todos mis

discípulos saben lo que digo— es el Principio de Mentalismo. De inmediato, se fundó en Inglaterra una sociedad
llamada **El Nuevo Pensamiento**; esta sociedad se esparció, inmediatamente comenzaron a difundirse las enseñanzas. Fue a los Estados Unidos (en cualquier parte
donde se hablara inglés, pues la traducción fue hecha
del etíope al inglés) y allí surgieron varias sectas que
ustedes han oído nombrar: La **Ciencia Cristiana,** La
Ciencia Divina, Unity y otras. Todo lo que enseñan es
el Principio de Mentalismo.

El Principio de Mentalismo

Como hay tantas personas aquí reunidas que creo que jamás han oído hablar de eso, les voy a describir el Principio de Mentalismo. Para ello, les voy a dictar una serie de *clichés,* de manera que ustedes puedan poner en práctica de inmediato el Principio de Mentalismo; les advierto que es la forma de curar todas las enfermedades, las de ustedes y las de los demás; es la forma de resolver todos los problemas y todas las calamidades, es decir, el Principio de Mentalismo es el descubrimiento **sensacional** porque el mundo no lo conoce y sabe muy poco de él. De manera sencilla dice que todo, *todo* lo que a nosotros nos ocurre está en nuestra mente y se refleja hacia fuera. Las enfermedades, el aspecto que tienes —si eres fea, si eres bonita, si eres gorda, si eres flaca, si eres vieja, si eres joven—, la muerte, todos los problemas, todas las calamidades; en fin, todas las catástrofes del mundo se reflejan hacia afuera porque están en la mente individual como creencias, opiniones firmes, establecidas como conceptos. Todo, *todo esto* está en la mente de cada quien. Piensas en una cosa y ya. De inmediato quedó registrado y si no lo vuelves a pensar, se graba y llega a formarse lo que nosotros llamamos un *concepto:* es como el negativo de una fotografía que reproduce en el exterior el positivo de la foto, es decir, el retrato.

Ahora sí podemos borrar todo lo que hemos pensado mal; ¡sí se puede: eso es lo que nosotros enseñamos y practicamos! ¡Por supuesto que sí se puede! ¡Uno se acuerda de que lo positivo se graba bello, se graba bien, todo lo positivo se graba y funciona en el exterior como una maravilla, todo lo que te ocurre es bueno! Las cosas que te ocurren son buenas porque has pensado positivamente y todo lo negativo es lo que sale reproduciéndose en todas las enfermedades, todos los males. Para mí es muy raro oír a una persona decir: «Bueno, tú sabes… tú sabes cómo es la gente de este país». Ya eso es negativo; entonces, para ti la gente de este país es antipática, la encuentras francamente antipática; todo lo que te pasa no puede ser de otra manera ya que tú tienes esas creencias. Una persona me dijo el otro día: «Me han puesto el teléfono pero no está comunicando todavía porque tú sabes cómo es la gente del teléfono». Entonces le di un regaño y le respondí: «No señor, la gente del teléfono no tiene la culpa de que estés pensando y decretando que no te lo van a poner. Si piensas de ese modo ellos te obedecen». Como ustedes ya han aprendido un poco lo que es el Principio de Mentalismo, es un descubrimiento **sensacional** porque pensar que podemos cambiar nuestra vida y cambiar todo lo que nos sucede y transformar todo es un descubrimiento sensacional. (Cuando pequeña yo era muy feíta pero ahora me siento muy bonita).

El Principio de Mentalismo es muy conocido por otras sectas, entre ellas, por ejemplo, están los Rosacruces y los Yokes, aunque no hacen una mención amplia (apenas un párrafo que explica el Principio de Mentalismo) ni lo practican —ni lo enseñan a practicar—, no poseen una fórmula, no se ocupan de ello; saben que existe pero nada más, en tanto que nosotros nos dedicamos a eso, a transformar nuestra vida y la de los demás —porque se puede transformar la vida de los demás—. Hay varias cosas que quiero que ustedes aprendan bien. Por ejemplo: *sitio para estacionar.* Ustedes saben que salen de sus casas por la mañana, tienen que hacer una diligencia en el banco, en alguna tienda de la Calle Real de Sabana Grande y antes de montarse en el carro ya están pensando: «... Y la cola que me va a atajar y donde voy a estacionar porque lo que es hoy no hay nada; eso está lleno de carros; y esa cola por Sabana Grande y yo no voy a encontrar donde estacionar». Pues eso es negativo y, naturalmente, ustedes no encuentran donde estacionar. ¿Cómo se hace? Sencillamente tienen que aprender a acostumbrarse (porque es un hábito que hay que formar). Ustedes salen de casa y dicen lo siguiente: «Yo quiero un sitio frente al banco, en armonía para todo el mundo» y terminan diciendo: «Gracias, Padre, ya lo conseguí». Quien no crea en Dios debe decir: «Gracias, Cosmos», gracias a lo que sea y a lo que crean: «Gracias, Amor Divino». Gracias a lo que ustedes aprecien más, digan gracias o simplemente «Gracias, yo mismo». Bien, lo que ocurre es lo siguiente: como ustedes han dicho: «Armonía para todo el mundo», antes de salir ese puesto ya estaba preparado, ya la persona que está en el sitio —en uno de los tantos sitios— se está acordando de algo que tenía que hacer, en armonía, algo bueno, algo útil; una diligencia, algo que tiene que hacer y, por lo tanto, le conviene salir del sitio. Y en el momento en que llegas al lugar donde quieres colocarte, ves que el carro se va. ¡No me crean! ¡No me crean nada! ¡Pruébenlo y compruébenlo; no me crean, yo no quiero que ustedes me crean a ciegas! Pruébenlo y compruébenlo mañana por la mañana. Eso sí, ustedes salen seguros de que estoy diciendo la verdad con toda fe de que son capaces. Digan **yo quiero**, después en **armonía para todo el mundo y gracias**.

Ustedes han visto que ya hemos nombrado las colas. Están parados en una cola. ¿Qué es lo que dice todo el mundo?: «¡Ay, Dios mío!, ¿hasta cuándo? Yo que estoy tan apurado … ¿Cuándo terminará este tráfico del demonio?» ¡Y cuántas cosas más! No sé, yo lo he oído. ¡Nada de eso! En cuanto vean que se para el tráfico digan, piensen lo siguiente: «No se puede detener nunca la circulación del planeta ni un minuto porque sería el caos universal». Fíjense bien, el sol no se detiene nunca, la tierra no se detiene nunca, la circulación de la sangre no se detiene nunca, el aire que respiramos no se detiene nunca. Eso les debe dar a ustedes la norma de que no existe *detención* de nada;

lo que sí puede existir es la detención del tráfico. Sí, porque se trata, en efecto, de cosas menores. Sin embargo,
pensar que podemos estar en una cola durante veinti-
cuatro horas, que tendremos que irnos a pie para la casa es algo que no debería ser; y no habrá de suceder si
invocamos una *Ley Espiritual* que inmediatamente domina a la *Ley Material*. La *Ley Material* se pliega, se
adapta de inmediato; ella no tiene derecho. Esos son
los descubrimientos **sensacionales**.

La Verdad

Les estoy nombrando otras leyes, no solamente la Ley de Mentalismo; en efecto son otras, pero no quiero cargarles la mente con leyes sino simplemente con cosas que ustedes van a poder usar desde el momento en que salgan de aquí. Yo quiero transformarles sus vidas. Quiero hacerles felices, que gocen su vida; por eso les digo: ni la cola ni el tráfico tienen derecho a ser y, más aún, si lo comparamos con cosas mayores. Si, por ejemplo, decimos: «La circulación del planeta no puede detenerse ni un minuto porque sería el caos universal». Ustedes están hablando la verdad absoluta, porque es la *Verdad;* no puede detenerse nada de eso porque sería el caos universal si se detiene la tierra. Así como también está diciendo la verdad el Maestro Jesús, que fue el segundo inmenso Maestro de la Metafísica que ha existido después de Enoch. Hubo muchos otros, ustedes saben que ha habido muchos: Judatantama, Salomón, David y otros. Pero yo voy a los que tuvieron mayor resonancia mundial. Enoch fue uno y luego el Maestro Jesús, llamado El Cristo. Enseñó pura psicología y metafísica. El dijo: *«Conoced la verdad y ella os hará libres; ella es la verdad».* De manera que cuando dices: «No se puede detener la circulación del planeta ni un minuto, sesenta segundos, no se puede porque sería el caos universal», ustedes están invocando la verdad, están diciendo la verdad y la verdad os hará libres; ¿de qué? De la cola. Ustedes van a ver que ha pasado un minuto cuando ya comienza la cola a moverse, aquella cola que ustedes creían que estaba estacionada. De manera que no vuelvan a soportar colas. Ustedes lo están haciendo por todo el mundo que tienen por delante. ¿Por qué? Porque hay otra Ley que dice: **uno con Dios es la mayoría, uno es la verdad**. Imagínense qué poder tan inmenso tenemos cada uno de nosotros. **Uno con Dios es la mayoría, uno es la verdad**, que es la mayoría; recuerden eso porque eso es: **uno con Dios es la mayoría, Dios es la verdad, Dios es amor, uno con la verdad, uno es la verdad, uno con Dios es la mayoría...** Y ustedes dominan por encima de todo esa cola increíble que tienen por delante.

Otro *cliché:* en estos días han estado anunciándonos terremotos y cataclismos; todo el mundo me ha llamado por teléfono a decirme: «¿Es verdad que el 11...? ¿Es verdad que el 21?, ¿es verdad que el 23, es verdad que ...?». ¡En absoluto! ¡En absoluto! No va a pasar nada, nada va a pasar y no crean ustedes en nada de los que les digan que va a haber terremotos y cataclismos. Ustedes no tienen sino que decir: «Eso no es conmigo, no lo acepto; eso no es conmigo». Acuérdense que **uno con Dios es la mayoría**. No es la voluntad de Dios que haya un terremoto que acabe con media humanidad «pues tampoco es mi voluntad: **Yo no quiero**, no me da la gana». Una vez que ustedes han dicho: «**No es la voluntad de Dios**», pueden añadir: «**No me da la gana**». Ustedes verán. «Eso no es conmigo, no acepto». Fíjense bien lo que les estoy diciendo: ninguno de mis discípulos sufrió ni un rasguño en ese terremotico*. El terremotico lo trajo la cantidad enorme de mentes pensando en el terremoto, decretándolo y trayéndolo. Mis hermanos, yo les digo a ustedes que se fijen cuando haya una persona enferma que se está muriendo y oigan que dice la gente alrededor de él: «Ése no llega ni a la noche… no amanece…» «¿Pa' qué va a comprar más oxígeno si… si… si… no va a usarlos?»… Ya lo mataron.

---

* Se refiere al terremoto de Caracas de 1967. *(N. del E.)*

Ley de Oferta y Demanda

La tercera parte es para las amas de casa; es la Ley de Oferta y Demanda. Esto parece que fuera para los hombres porque ellos son los que conocen de la Ley de la Oferta y Demanda.

La Ley de Oferta y Demanda dice que cada vez que tú necesitas una cosa, hay alguien que quiere salir de una igual. Cada vez que quieras botar algo que ya no te hace falta, que ya no necesitas, hay otro que sí. Si tú empleas y sabes esa Ley, te pones a invocar, cada vez que tengas algo bueno, que venga la persona, entonces atraeré a la persona que necesite *esto* porque quiero dárselo. Sí, inmediatamente aparece alguien y lo mismo sucede cuando tú necesitas algo. El dinero es lo que corrientemente ustedes ven porque éste es el único planeta donde él existe. El dinero no debe existir, pero aquí existe y tenemos que andar con él, ¡qué se va a hacer! Donde existe el dinero actúa la Ley de la Oferta y Demanda. Aquí consigues todo lo que quieras si es comprado por ti, porque ya tienes tan *enterrado* el dinero en tu conciencia que no concibes que puedas conseguir algo regalado sino que, por el contrario, tienes que salir a comprarlo. Pues bien, lo consigues baratísimo y a la vuelta de la esquina tal cual como lo deseabas. Pero... el servicio, las casas. Cuando quieres una casa, cuando tienes que mudarte, quieres un apartamento, o quieres una casa y empiezas a decir: «Pero mi'jita, están por las nubes», y además no hay, pues no hay, para ti no hay: ya lo decretaste, ya tú mandaste a que ocurriera así. No hay, no encuentras casa. Pero si dices: «No, eso no es conmigo. ¿La mía? Está hecha y me está esperando y yo la quiero así». O escriben una cartita a quien quieran, a Papá Dios o al Ángel, a quien quieran, y en esa cartica escriben: «Yo la quiero así, de esta manera y nada de chiquitica; la quiero como la necesito: grande, buena con tantos cuartos, con jardín o sin jardín». Como la quieran; si escribes, pues, tu carta completica y entonces terminas diciendo: **en armonía para todo el mundo**, das las gracias y espera para que tú veas. Si estás volteando para ver por encima hombro si aparece, cuando tú menos lo esperas te hablan de una, la encuentras en un periódico, pasa y la ves; existe, ella existe y te está esperando, ¡es tuya! Y lo mismo el servicio. Aquello de que es imposible encontrar servicios, de que no hay mujeres, de que son ladronísimas, son esto y lo otro, es mentira… mentira… Las hay por montones; pobrecitas, si tú lo decretas que no hay ni ves una, ¡desaparecen!

Ahora, si el Maestro Jesús dijo: *«Los pobres los tendréis siempre con vosotros»,* de manera que contigo hay bastante. ¡No!, decrétalo, escribe tu cartica y pongan todo lo que quieran, no olviden nada. Miren, mi hija hizo su cartica y puso todo lo que quería y dijo: «¿No me falta nada más, mamá?». Y yo le respondí: «No creo que te falte nada; no sé; tú eres la que necesitas». Pues bien, se le apareció la mujer de servicio, con todo lo que ella había puesto, pero le faltó una cosa: no dijo que no tuviera niñitos y la mujer se presentó con su niñito. Ríanse; me encanta que se diviertan; pero, créanme o no, pruébenlo, pruébenlo mañana y digan todo lo que necesitan.

La Bendición

*A*hora eso de la bendición: bendigo las manos, bendigo tus manos; ¿por qué?, ¿por qué actúa? La *bendición* quiere decir *«bien decir»* es, simplemente, decir el bien, hablar en positivo, nada más. Cuando bendigan una cosa, aquello aumenta, aquello lo agradece, todo, hasta el teléfono se compone si tú lo bendices. Todo, todo obedece a una bendición. Tú coges dos maticas y las riegas, pero bendice *a una sola* todos los días para que la veas ponerse bella, mientras que la otra da lástima. Entonces comenzarás a bendecir a la otra también. Que los hombres bendigan sus negocios y bendigan el negocio del contrario. Aquel que tiene la misma ferretería o la misma botica, bendiga la de él también porque hay para todo el mundo. Y cuando tú bendigas la de ese señor, se te devuelve a ti. Así es ese amor, bendigan el negocio, bendigan la cartera y nunca estará vacía (cuando tenga dinerito y no cuando esté vacía), bendice tu dinero, bendice el que tengas en el banco, bendice, sí, la abundancia, pero hay que decir *la abundancia de esto, la abundacia de lo otro,* bendice la abundancia —decía una señora— y se puso de este gordo. Eso es para que ustedes vean que lo que les estoy diciendo es verdad; pero hay que saber hacerlo. Bendigan la abundancia del dinero. ¿Ustedes no han oído decir, entre las viejas de sus casas: «No, hombre, déjelo almorzar, se le echa agua a la sopa»? Mentira, no se le echa agua a la sopa, pero alcanza para todo el mundo: eso *decreta* ella que va a lograr.

Una Ley más, «Hoy»

*H*ay una Ley más. Escriban eso para que se acuerden. Oigo decir a tanta gente que están apretadas de dinero, que tienen que pagar una cosa enorme la semana que viene, el mes que viene, el año que viene; no se sabe de dónde va a salir aquello, vive la gente toda mortificada porque no saben de dónde va a salir para pagar aquello. Miren, señores, el mañana no existe todavía; el ayer se fue, no tenemos sino el día de hoy; hoy Dios vive en un eterno presente; en el espíritu no hay futuro ni hay pasado: es un triángulo. Aquí está el espíritu (arriba) y se abre hacia abajo: no hay futuro ni pasado. Ahí está el eterno pasado, hoy es el eterno presente. Tú dices: «Hoy, hoy todo está cubierto». Yo les apuesto lo que ustedes quieran a que aquí no hay una persona que no tenga todo cubierto. Hoy no tienen necesidad de nada porque todo está cubierto. Mañana es otra cosa, pero *hoy, hoy* está cubierto.

Ahora, si ustedes dicen eso todos los días: «**Gracias Padre, que hoy todo está cubierto**», nunca en la vida se presentará el día en que no tengan lo suficiente para pagar lo que sea, porque mañana llegará a ser hoy, estará cubierto, y la semana que viene será hoy y estará cubierta. Y el mes que viene será hoy y estará cubierto. ¡Pruébenlo; no me crean!

El Yo Quiero y el Yo No Quiero

*H*ay otra cosa muy importante: el **yo quiero** y el **yo no quiero** son ambos todopoderosos. Cuando Moisés estaba pastando las ovejas de su suegro, le habló un Espíritu y le dijo que liberara a su pueblo, Israel, que estaba prisionero en Egipto. Le dio todas las instrucciones de lo que debía hacer. Entonces Moisés le dijo: *«Pero, bueno, ¿cómo sé yo quién me está diciendo esto?, ¿qué le voy a decir a mi pueblo?, ¿cómo les digo?, ¿quién me lo dijo? No me van a creer si les dijera que fue un Espíritu».* El Espíritu le dijo: *«Le dirás que te lo dijo* **Yo Soy el que Soy***».* Pero, ¿cómo es eso? *«Ése es tu nombre, ése es mi nombre, para ti y todas las generaciones* **Yo Soy el que Soy***».* Bien, como ustedes comprenderán no se lo dijo en español; fue dicho en el idioma hebreo. Y como traducido en hebreo, Jehová significa «**Yo Soy**», en castellano le han agregado ese «el que **Soy**», no sé por qué. Sencillamente se entiende «**Yo Soy**» *Jehová*. He allí otro de los descubrimientos **sensacionales** que encontró el Señor en Enoch, el «**Yo Soy**», el Jehová que desde el *Génesis* hasta el *Apocalip*sis no hace otra cosa que nombrar a Jehová, y que quiere decir «**Yo Soy**», pues ese «**Yo Soy**» es todopoderoso; es lo mismo que ustedes digan «yo tengo» o «yo estoy» o «yo quiero». Él es el Yo, ése es el Verbo; el verbo ser, estar. Es el Verbo y es el Logos Creador. Todo lo que tú digas «yo quiero» se hace. ¡Pruébenlo, no me crean, pero pruébenlo! El «**Yo Soy**» es todopoderoso.

Yo lo he hecho con los niños. Ustedes saben que los niños, las niñitas, los muchachitos, por ejemplo, hasta los siete, diez años, no tienen raciocinio ni voluntad personal. No saben pensar ni pueden ser responsables de sus pensamientos. Todo lo que les pasa a ellos es el reflejo del pensamiento de la madre o del padre (apunten eso porque no debe olvidarse); todo lo que les pase a sus hijos es responsabilidad del papá y la mamá, de su mente y de lo que piensan a través de ellos: los padres piensan a través del niño. Por ejemplo, veo a una muchachita con una gripe y le digo:

—¿Qué tienes?

—Gripe —responde ella.

—¿Y por qué tienes gripe?

—Me da todas las semanas…

—¿Y tú quieres eso? —le pregunto al ver que le daba todas las semanas.

—¡No!

—¡Pues dilo!

—¿Qué digo?

—Di: «yo no quiero esto, yo no quiero esto». Dilo, tienes que decirlo.

Cuál no sería el espanto de la madre y el padre cuando vinieron y me dijeron: «Bueno, el día en que usted estuvo conversando con ella… ¿Qué fue lo que le dijo?…

porque de eso hace tres meses y la niña más nunca ha tenido una gripe». Yo les respondí: «¡Claro! porque si ella logra decir «No quiero», esa expresión es más fuerte que su Papá y su Mamá, ya que ambos no van a decir: «Nosotros queremos que tenga gripe»; aunque sí dicen: «Vive con gripe; no pasa una semana en que esa niña no tenga gripe». Son ignorantes, no lo saben; pero están dando la orden, está decretando: «Así es», «Yo quiero»; es absolutamente todopoderoso. Si ustedes oyen decir que van a entrar al país los comunistas —aunque yo no quería decirlo, porque creo que aquí no hay comunistas— no vendrían aquí, ¿verdad? ¿Y si vienen? Bien, pues, aunque vengan *yo no quiero, yo no quiero* comunismo aquí porque ésta es mi casa, Venezuela es mía y es tuya y de todos; es mi casa y es tu casa. ¿Tú quieres comunismo en tu casa? Pues yo no quiero; a mí no me da la gana y **uno con Dios es la mayoría**. Pobrecitos los comunistas; no saben lo que he visto hace mucho tiempo; a mí no me da la gana y por eso es que no entran. ¡Pruébenlo! Sí, señor, pruébenlo. Ustedes van a decir, como me han dicho a mí muchas personas: «Pero, bueno, ¿qué dirán los comunistas?» Digo, «bueno, yo lo siento mucho pero la voluntad de Dios es la libertad, la libertad individual; y como ése es un sistema que no permite libertad no se puede aceptar». De manera que el *yo quiero* y el yo no *quiero* son todopoderosos, no se olviden de eso. Cuando ustedes oigan por ahí acerca de eso que les mencioné —por ejemplo, lo de los teléfonos— ustedes responden: «Yo no quiero. Para mí yo lo quiero así». Aunque ustedes no pueden decir, por ejemplo: «Yo no quiero que Fulano haga eso, aquello no...» Eso es brujería: eso no se puede; tú puedes mandar en ti y querer para ti. Por ejemplo: «Yo quiero a Venezuela; ésta es mi casa; porque si Venezuela es mi casa *y es mía* y yo no quiero sino orden, armonía, libertad, justicia, todas las virtudes»; no estoy nombrando nada que no deba nombrar; estoy nombrando solamente virtudes, lo que yo deseo para mi tierra y eso sí se puede decir. Pero tú no puedes decir como un amigo mío: «Es que yo quiero que mi hijo estudie esto...» No, señor, no puedes decir eso; tu hijo tiene que estudiar lo que a él le pide su espíritu, porque tú no sabes si ese niño —que quieres que sea abogado— desea ser pintor. No lo puedes obligar; tienes que esperar a ver hacia dónde ese niño va a demostrar lo que va a ser. Por lo tanto, no se puede ordenar en el espíritu de otro aunque sí en el tuyo. Yo quiero, todos nosotros queremos y creemos en la voluntad de Dios, estamos de acuerdo con la voluntad de Dios; porque la voluntad de Dios es perfecta; entonces, si no sucede aquello que tú quieres porque no es la voluntad de Dios, te sucederá algo mejor, siempre bueno.

Despedida

*L*es voy a decir adiós, hasta dentro de un ratico; pero, primero, les voy a decir que espero les haya gustado esta enseñanza, así como espero que hayan notado que es una *enseñanza práctica para la vida diaria,* que no tiene nada que ver con el *índice* y los libros que la Iglesia ha prohibido. Me han preguntado muchas veces: «Pero ¿y la Iglesia permite?». A menos que la Iglesia prohíba la ciencia, es decir, prohíba la medicina, la química y demás ciencias... entonces no habría llegado el hombre a la luna. Lo que yo digo es científico, absolutamente científico, ya que —como ven— está basado en lo positivo, en la paz, en la verdad, *todo eso es Amor,* amor al prójimo. De manera que si les han gustado estas enseñanzas, sepan que hay muchas otras cosas buenas, muy buenas. Esto no es sino un poquito, así como para abrirles el apetito, y para que salgan de aquí resolviendo problemas ya. Eso es puro Amor; así es que estamos muy a la orden, espero que les haya gustado.

Transcripción y adaptación de la Conferencia
Metafísica dictada por Conny Méndez
en el Hotel Caracas Hilton el 27 de noviembre de 1969.

(Nota del Editor)

Piensa lo Bueno y se te Dará

Colección Metafísica
CONNY MÉNDEZ
(1898-1979)

EDICIONES GILUZ
BIENES LACÓNICA, C.A.
DISTRIBUIDORA GILAVIL, C.A.

Introducción

*L*as verdades más profundas pueden ser perfectamente comprendidas por toda persona mayor de diez años y de mediana inteligencia, siempre que le sean presentadas en lenguaje sencillo y en una forma que puedan aplicar a su vida diaria.

Los tratados de Filosofía y Metafísica contienen un tesoro de enseñanzas para el logro de una vida próspera, feliz y asegurada contra todos los males corrientes que aquejan al ser humano; pero la fraseología técnica está más allá de la comprensión de la persona común. Diríase que los grandes Pensadores y Maestros, lejos de sentir el deseo de compartir el tesoro con la mayoría, se esforzaron en ocultarlo tras barricadas retóricas y jerigonzas especiales.

No hago sino copiar las normas de mi Maestro, el Dr. Emmet Fox, al pretender hacer inteligible, aunque de modo condensado, dicho tesoro metafísico, presentándolo en los términos de la vida cotidiana y corriente.

Nada, pues, de lo que aquí aparece es nuevo. Todo ha sido anotado desde Enoch, el cual La Biblia remonta al sexto descendiente de Adán.

Jesús pasó los años ocultos en el monasterio Esenio de Qumrán, en donde fue educado según las enseñanzas de Enoch. Más tarde, en la controversia que se estableció entre judíos y cristianos, todos los textos de Enoch fueron recogidos y quemados por ambos bandos, salvo unos cuantos ejemplares que lograron ocultar algunos particulares.

Los cristianos de los primeros siglos querían borrar toda indicación de que las enseñanzas del Maestro eran de origen judío; y los judíos repudiaban a Jesús y destruían todo lo que pudiera identificarlo con ellos. Las autoridades de la iglesia cristiana hicieron adulterar y mutilar sus textos en donde apareciera que la enseñanza se originaba en Enoch. El resultado de esto fue **el Nuevo Testamento** que deja en la obscuridad el fondo de la Verdad.

El Monasterio también pereció por el destrozo; pero los Esenios pudieron rescatar su valiosa biblioteca que ocultaron en las cuevas que están en proceso de descubrimiento y llamadas hoy del «Mar Muerto».

La Organización Rockefeller ha ubicado en la región un gran establecimiento, dedicado a autenticar y traducir los pergaminos que van apareciendo, entre ellos, los originales de Enoch y los textos auténticos de La Biblia.

Cristianismo Dinámico

*A*ntes de emprender cualquier oficio, el candidato que lo va a desempeñar recibe instrucciones o estudia la técnica del oficio. El único oficiante que emprende su cometido totalmente a ciegas es el ser humano, ¡al lanzarse a la máxima tarea de vivir! Sin brújula, compás o diseño, sólo equipado con el material secundario y sin nociones de preparación básica, es lanzado al laberinto… ¡y ojalá que no incurra en el mal!

Hay vidas que transcurren entre la opulencia y las satisfacciones. Otras transcurren en la miseria. Las hay que se inician con todas las ventajas de la educación, la ciencia, la medicina, la religión y todas las previsiones que pueden idear el afecto y la fortuna, ¡y las persigue un atajo de calamidades! ¿A qué se debe la colección de diferencias?

La Primera Ley de la Creación es la siguiente: lo que piensas se manifestará. No solamente en tu cuerpo y tu carácter. En lo exterior. En lo material. En tus condiciones. En lo que te ocurre. Tu propio concepto es lo que tú ves suceder.

Si tienes formado el concepto de que la salud es el estado natural del hombre, eres de constitución saludable hagas lo que hagas. Si tu concepto es que la riqueza es inevitable, serás siempre rico. Si consideras que tu destino es la pobreza, los accidentes, la muerte, los achaques de la vejez, la mala o buena suerte, ser víctima de la maldad o merecedor de todo lo mejor, la lucha constante o la plenitud sin esfuerzo; lo que quieras que tú esperes normalmente, o aquello con que tú cuentas en mal o en bien, ésa es la condición en que vives o verás manifestarse.

No se está jamás consciente de la mayoría de estos conceptos. Se forman involuntariamente cuando se ignoran las Leyes de la Creación. Éstas constituyen la brújula, el compás y la materia prima con que se debería equipar a un niño antes de aprender el alfabeto.

Con lo que hasta aquí has leído, te habrás dado cuenta de que el hombre no es lo que siempre se ha creído: un corcho en medio de una tempestad, batido aquí y allá según la ola. Su mundo, sus circunstancias y todo lo que le ocurre en su vida son creaciones de él y de nadie más. Él es quien ordena. Si su concepto de la vida es que está en una tempestad y él es un corcho en medio de ella, así será. Él lo ha ordenado y permitido. Él es el rey de su mundo. Eso es lo que significa *«nacer con libre albedrío»*. Libre de escoger entre pensar positivamente o pensar negativamente. Toda su vida, todos sus logros o sus fracasos, todas las manifestaciones dependen del concepto que tengan establecido en el Subconsciente. Hoy sabemos que lo que pensamos a menudo pasa al Subconsciente y se radica allí actuando como reflejo. La psicología lo ha comprobado. La metafísica y la filosofía ahondan mucho más en la mecánica expresada pero, como dije anteriormente, lo expone en una forma tan compleja y enredada que casi no es posible comprenderla.

Cuando el pobre ser humano se ve envuelto en los efectos de su ignorancia; cuando ha producido alguna calamidad que lo tortura, se vuelve hacia Dios y le suplica que lo libre del sufrimiento. La experiencia diaria nos comprueba que a veces *«Dios atiende»* pero otras veces no. Cuando Dios no atiende, el pobre ser humano es consolado por sus familiares y amigos con las siguientes palabras: «Hay que resignarse ante la voluntad de Dios». ¡Como si la voluntad de Dios fuera mala! El mismo Jesús dijo: *«Paz en la tierra a los hombres de buena voluntad».* ¿Y podrá creerse que Dios esté gozando de su paz celestial impunemente estando impregnado de mala voluntad?

La oración es de una potencia extraordinaria porque es de un grado altamente positivo. Es dirigir el pensamiento al propio origen del Bien y del Amor y no existe nada más alto. Debe manifestarse el Bien instantáneamente. Debe transformar a ojos vista, como milagro, aquello que necesita transformarse. Pero como la **Primera Ley de la Creación** es que el concepto es lo que rige en los asuntos de los hombres, si el concepto que el suplicante tiene de Dios es que Él es un magnate caprichoso, lleno de mala voluntad, que manda pruebas y castigos más a menudo que premios y beneficios, el suplicante verá **manifestarse su concepto de Dios.** Es tan sencillo como te lo digo.

«¿Y por qué si Dios es todopoderoso no interviene para que no suceda esto y aquello y lo de más allá?», preguntan los hombres. Porque Dios es Principio. El Principio inquebrantable. Inquebrantable significa que no varía. Tampoco puede entrometerse a quebrantar los otros Principios que Él ha creado. Si te creó con libre albedrío, Él es el primero en respetarlo. Tú escoges tus conceptos, tus opiniones, tus deseos, tus pensamientos; das tus órdenes y Él es el primero en considerarlas. Ahora, si el pobre ser humano del cual estábamos hablando, eleva su pensamiento al plano de Dios (y ésta no es sino otra forma de llamar a la oración), si el ser humano trata de calmar su angustia y se obliga a pensar en algo bueno, verá el milagro que pide; porque se ha quitado él mismo del camino. Porque ha puesto el problema en manos de Dios, o sea, en el Plano del Amor. Esto se llama Fe.

La Fe

*H*abrás visto que la Fe es un sistema, una manera de actuar. La Fe tiene dos nombres: Fe y Temor. Los dos son una misma cosa y una misma fuerza. Se le llama Fe cuando se espera lo bueno; se le llama Temor cuando se espera lo malo. Así es, tan simple como suena. Cuando tú sientes temor, estás presintiendo algo malo; o sea, presintiendo. Anticipándolo. Esperándolo con todas las fuerzas de tu alma, y él no se hace esperar. Lo estás llamando y tiene que atender porque tú lo mandas. Cuando te ocurre que tú estás temiendo, generalmente anuncias con aire triunfante: «¡Ah!, ¡yo lo sabía! ¡Lo presentía!» Y, por supuesto, tienes razón; pero ahora verás que no es que iba a suceder inevitablemente y que tus facultades superiores o tus dotes de vidente te lo anunciaron, sino que tu pensamiento lo creó, atrayendo lo necesario para que se manifestara.

Todo pensamiento que va acompañado por un sentimiento se manifiesta más rápidamente y con mayor fuerza. Esto forma parte de la Ley Primera. El Temor es un sentimiento muy fuerte. Por eso es tan terrible todo lo producido por la combinación del pensamiento y temor. Los accidentes de tránsito que producen la muerte o invalidez, los infartos, el cáncer, la úlcera estomacal y tantas otras atrocidades que aquejan a la humanidad ignorante.

Por supuesto te veo pensando en las causas materiales de todas estas cosas. Te veo protestando interiormente porque siempre se le ha dado importancia a la causa material; por ejemplo, los gérmenes y microbios causantes de muchas enfermedades; pero es que esos virus y gérmenes no son sino **efectos,** a su vez, y no causas. La causa original está en la mente. El germen no es sino uno de los eslabones de una cadena. La enfermedad es el eslabón que le sigue. Te estoy tratando de llevar hacia atrás, y no hacia adelante, en el orden de la Creación. La causa material es un producto ya terminado. El diseño original, básico, es el pensamiento. Todo lo demás que proviene después en lo exterior, no es otra cosa que el material disponible para la realización de la obra. ¿Me comprendes?

La Fe es la otra cara de una misma moneda. Por una cara está el Temor, por la otra la Fe. La Fe es positiva. El Temor es negativo. La Fe produce el aspecto bueno. El Temor produce el aspecto malo. ¡Nadie teme jamás que vaya a suceder algo se considera **malo!** El pensamiento que está acompañado por la Fe es, pues, bueno y se manifiesta más rápidamente y con mayor fuerza al igual que su opuesto. Es posible aprender a tener Fe; Ella viene por el conocimiento. Al aprender a emplear la maquinaria de la Fe, desaparece todo el Temor.

Tú sabes que la Capital de tu país está en tal o cual parte. Tienes ese conocimiento porque te lo han enseñado los que lo conocen. Tú no lo pones en duda y sabes que si tomas el tren o el avión o el auto para dirigirte a la Capital, vas para la Capital y no para la Luna. Pues eso es Fe. Tú tienes Fe en que la Capital existe y que tu deseo o tu necesidad te llevan a ella. Tienes Fe en llegar a ella. ¡No temes llegar a la Luna! El conocimiento destierra la duda. La Fe destierra el Temor.

Ya sabes, pues, que el pensamiento negativo produce un efecto que llaman «malo». Que el pensamiento positivo produce el efecto que llaman «bueno». Conoces el peligro de acompañar lo negativo con el Temor. Esos resultados «malos», efectos del pensamiento negativo y del temor, son los llamados castigos que las iglesias y la gente buena han creído «ser mandados por Dios». ¿Te das cuenta de la magnitud del error?

Jesús dijo: *«Tal como piensa el hombre en su corazón, así es él»*. ¡Aquí está expresado en una cápsula toda la explicación anterior! El pensamiento unido al sentimiento *«piensa … en corazón»* y la frase minúscula: *«así es él»* encierran todo en un capítulo; pues el hombre y su mundo son uno. El hombre y todo lo que él reproduce, exterioriza, fabrica, posee y reúne en su entorno son uno con él; y él (más todo lo enumerado) es un reflejo exacto de la imagen que tiene asentada en el alma.

Salomón dijo antes y aún más claro: *«Según piensas en tu alma, así es»*. (PROVERBIOS, 23:7.)

La Mecánica del Pensamiento

*T*odo el día y toda la noche estamos pensando una infinidad de cosas distintas. Pasa por la mente una especie de película cinematográfica constante, pero desconectada. Entre tantas ideas diferentes nos detiene alguna que otra. A éstas las contemplamos mentalmente, les damos vueltas, posiblemente las comentamos con alguien y luego volvemos a repasarlas más tarde. Esas ideas se convierten en imágenes mentales. La imagen mental es lo que pasa al Subconsciente, se establece allí y vuelve, y es lo que llaman los psicólogos «un reflejo».

Los psicólogos no estudian sino los reflejos que gobiernan el comportamiento y las aberraciones mentales. Los metafísicos abarcan un campo mucho más amplío y saben que los reflejos gobiernan no sólo al hombre sino también a todo lo que le ocurra al hombre exteriormente.

Tantas veces se contemple o se estudie una idea, tanto más se arraiga su reflejo en el Subconsciente. El Subconsciente no discierne. Ésa no es su función. Él no tiene poder para protestar. No tiene voluntad propia. No tiene sentido del humor. No sabe si la orden que le hemos dado es un chiste o es en serio. Su función consiste: primero, en almacenar las imágenes mentales y luego lanzarlas hacia afuera como salen las copias fotostáticas. Es un autómata o un robot. Es un servidor maravilloso que nos economiza toda la tarea de recordar y poner en práctica todo lo que vamos aprendiendo y que hemos ido aprendiendo ¡desde que no éramos más que una gota de agua en el océano! Es, pues, un secretario, archivador, bibliotecario insigne. Al no haber archivado la imagen mental que le preparamos, él comienza a reproducirla, aprovechando la más insignificante oportunidad, para el resto de la vida… y las vidas… del sujeto, **hasta que el sujeto le da la orden de cambiar una imagen por otra.**

Ejemplo: ¿Recordarás tú la primera vez que oíste mencionar el «catarro»? No puedes recordarlo; eras muy pequeñito. La noticia te vino de tus mayores y, por lo tanto, no la pusiste en duda. La aceptaste como cosa natural. Después te enseñaron a temerlo. Te advirtieron las causas del catarro y te dijeron que si se te enfriaba el sudor en tu cuerpecito, si entrabas en contacto con algún amiguito catarroso, si te caía alguna llovizna o si te ponías en una corriente de aire, **inevitablemente** te daría catarro. Todo eso lo viste en tu mente con puntos y detalles. Pasó a tu Subconsciente y ya no tuviste que recordar más nunca las advertencias que te hicieron tus mayores. Tú no las volviste a pensar, pero tu Subconsciente reprodujo con toda fidelidad un buen catarro (el mejor que pudiera producir) cada vez que se te enfriaba el cuerpo, cada vez que te ponías en una corriente de aire, cada vez que se te acercaba un acatarrado y cada vez que te caía un aguacerito. ¡Fíjate bien! **Tú no tuviste que volver a pensarlo jamás,** pero

tu Subconsciente jamás ha olvidado la orden; hasta el
sol de hoy, continúa entregándote (muy complacido y
como quien entrega un regalo) un estupendo catarro cada vez que te descuidas, porque ya tú estás acostumbrado a cuidarte y hasta le refieres a tus amistades el cuento
de que «yo no soporto una corriente de aire» o huyes del
que tenga catarro o dices «no te acerques que tengo catarro» y hasta lo llamas «Mi catarro». Todo lo cual renueva y reafirma la orden dada al Subconsciente ¡como
si éste la necesitara!

Esta mecánica es igual para todos los demás males
que aquejan al ser humano, desde el catarro hasta la
muerte. Accidentes, luchas, vejez, pobreza, «mala suerte», fealdad moral, «pecados», cataclismos, guerras, mal
tiempo, crisis monetaria, enemistades, pleitos, etc. Los
hombres varían, pero el proceso de reproducción es
siempre el mismo.

La Ley que estoy explicándote se llama **El Princi-
pio de Mentalismo** y es la **Primera Ley de la Creación.**
Éste es el universo mental. Esto es lo que quiere decir la
Metafísica cuando dice *«Todo es Mente».*

Las Leyes de la Creación son siete.

La Verdad del Ser...

*F*elizmente no estamos obligados a soportar eternamente el castigo que encierra un concepto mal formado. Somos libres y si queremos podemos cambiarlo por otro que produzca satisfacciones, premios y bendiciones. De la misma forma que se produjo la imagen antigua se produce la nueva; sólo hay que borrar primero la antigua. Hay que desocupar el lugar en que estaba para habitarlo con la imagen nueva. Tal como se borra una letra errada o superflua en una palabra escrita para sustituirla por otra o para eliminarla.

La experiencia ha determinado la técnica a seguir para borrar todo lo indeseable. Es la siguiente: cada vez que te ocurra algo desagradable, piensa y luego repite en voz alta: «No lo acepto. Lo niego. Lo rechazo». No te alteres, no le pongas énfasis a lo que dices, simplemente dilo con toda calma.

Con la Fe que debe darte que tu palabra es una orden que tiene que ser cumplida incondicionalmente. Tú no ves el cambio que ocurre en ti en ese momento. Tal vez no veas el resultado inmediato en el exterior, a menos que estés muy atento a las pequeñas señales; pero de acuerdo con el grado de Fe y de convicción que sientas al formular la negativa, así será el resultado. Si tu Fe y convicción son fuertes, el resultado será instantáneo, como un milagro.

La experiencia también nos ha enseñado que no se puede dejar el «hueco» vacío o medio vacío. Hay que llenar inmediatamente el espacio desocupado. Al terminar de expresar la negativa tienes que «afirmar la verdad», como se dice en el lenguaje metafísico. «La Verdad» es la imagen nueva que ha de grabarse y reproducir El Bien para toda la eternidad. Nos interesa que esta imagen sea lo mejor posible. Que sea la verdad entera y no una semi-verdad. Que constituya la voluntad de Dios, pues Dios es La Verdad y El Bien.

Tal como enseñó Jesús, *en el hombre está Dios.* En todo hombre hay el Ser Divino. Todo hombre logra verlo, conocerlo y sentirlo algunas veces en el curso de su vida terrena. Es aquel que surge en un padre cuando le presentan su primer hijo recién nacido. Cuando se enamora por primera vez. Cuando se lanza a salvar a otro que está a punto de caer bajo las ruedas de un automóvil. Cuando se compadece ante una desgracia ajena. Cuando se olvida de sí para emprender un acto heroico. En todos esos momentos actúa el Ser Divino. Pasado ese momento prima la conciencia terrena, que no es «mala». Sólo escasa de evolución o adormitada.

El Ser Divino es la Verdad tuya, mía y de todos. Él es perfecto, bello, no envejece, no se enferma, no peca, no muere, no sufre, no lucha, no le falta por aprender, todo lo sabe, no falla jamás, no cambia jamás, no teme, no duda y está atento en todo instante a nuestra más insignificante plegaria. Es la Verdad Perfecta. **Es Amor, Inteligencia, Vida, Verdad, Alma, Espíritu y Princípio,** o sea, las Siete Fases de Dios, porque el Ser Divino es Hijo de Dios, una célula de Dios mismo. Esto no es Panteísmo. El hombre no es Dios; así como una gota de agua de mar no es el mar; pero en una sola gota de agua de mar se encuentran todos los componentes del resto del mar. Ella es una célula del mar.

Como nuestra conciencia está adormitada (restringida como un botón de rosa que se va abriendo poco a poco), no sabemos determinar exactamente lo que es el Bien y la Verdad. Quisiéramos que alguien nos lo indicara, nos enseñara y nos dictara la imagen que debemos grabar. Ese «alguien» lo tenemos en el Ser Divino. Jesús dijo: *«Conoced la Verdad y ella os hará libres».* Todo lo que hay que hacer, al ir a formar una imagen nueva que sustituya la vieja, es recordar al Ser Divino. Simplemente recordarlo. Al instante, Él inspira la nueva imagen. Digamos que te sientes resfriado, para seguir el mismo ejemplo original, ya sabes que se debe a la imagen que tienes grabada en el Subconsciente. Ya sabes que ese resfriado es un reflejo. Si no te agrada el resfriado (porque hay personas que gozan con las enfermedades, las hace sentirse importantes), lo niegas, lo rechazas, no lo aceptas; y luego recuerdas tu Ser Divino. Al transferir tú el pensamiento del resfriado a la Verdad del Ser, se enchufa (tal como una clavija en un tablero telefónico) en la Verdad correspondiente y «ves» la nueva imagen que debes grabar: la imagen opuesta a la enfermedad es la vida. «**Yo soy** Vida» debes decir en alta voz. «**Yo soy la Vida. La vida es salud. La salud es lo opuesto a la enfermedad. La salud es la única verdad**». Extiéndete por ese camino hasta donde quieras. Recuerda que estás formando una imagen. Mientras más la «veas» mejor para ti. **Piensa lo bueno.**

Esto es muy diferente de la autosugestión, pues ésta sólo consiste en repetir como un loro una frase estereotipada, optimista, siempre igual. La autosugestión no logra sino desflorar la superficie, sin penetrar el asunto y sin conocimiento de causa. La Verdad del Ser razona, investiga, resuelve, penetra y destruye la causa; limpia, sana y renueva el Subconsciente, lo fortifica, adelanta al ser humano y le ensancha la conciencia. Es una verdadera Cura, segura y radical, es una cura segura para los defectos, los efectos y los *«pecados»,* pues éstos también son reflejos e imágenes grabadas. El tal *«pecado original»* verás que no es otra cosa que el concepto, o sea, la imagen que ocasiona el reflejo. Las iglesias creen que es culpa del «Diablo».

El Ser Divino vive permanentemente en el ambiente que llamamos «celestial». Es el ambiente del Bien. No lo olvides, pues ésta también es la **purísima verdad.** Mientras más te identifiques con ese ambiente, más lo reproducirás en tu vida exterior, en tu vida diaria. La sensación que más semejanza tiene con lo que deben sentir los hijos de Dios en todo momento es la que sentimos cuando recibimos un magnífico regalo. Cuando damos las gracias por un presente que nos llena de satisfacción, sentimos algo que es mezcla de alegría y ternura, ¿no es así? Bien, ése es estado del que mora «en el Cielo» y ése es el carácter del Ser Divino. Cuando se está en ese estado de ánimo, el «mal» se aleja. El no soporta ese clima. No le gusta. No se aviene a su naturaleza. Por lo tanto, el tercer paso que la experiencia nos ha enseñado a dar, en la práctica de la Verdad del Ser, es el siguiente: Cuando hayas terminado de hacer lo que llama el lenguaje metafísico «un tratamiento», o sea, negar y afirmar, siempre da las gracias a Dios como si ya hubieras recibido el premio. Cierra tu tratamiento con una expresión de inmensa gratitud por el Bien ya recibido. Ésta es una manifestación de Fe. San Pablo dijo: *«La Fe es la evidencia de las cosas que no se ven».* Y Jesús dijo: *«Siempre que ores, cree que recibes, y recibirás».*

Este tratamiento está descrito y expuesto en La Biblia, por supuesto que en los términos *bíblicos,* tan simbólicos y encubiertos que ha sido necesario la labor consagrada de expertos en semántica, lingüística, filología clásica y simbología para desentrañar el sentido. La Biblia lo llama «Manasés y Efraín» y tiene mucho que decir respecto a estos dos hermanos. Jesús, el Cristo, lo enseñó en la forma siguiente: *«El que quiera alcanzar la vida eterna, que se niegue a sí mismo y luego me siga a mí».*

No quería decir que siguiera al hombre Jesús sino al Cristo. La palabra Cristo viene del griego *«Krystós»*, que significa «el Ungido», o sea, el Hijo de Dios, La Verdad.

En el **Nuevo Testamento**, Jesús menciona el tratamiento así: *«Que sea vuestro hablar No, No; Sí, Sí, porque lo que pasa de esto de mal procede».*

«Como es Abajo es Arriba»

Como dije al comienzo, mi empeño es el poner en los términos más sencillos (a la altura de un ser mayor de diez años y de inteligencia corriente) el significado de los tratados metafísicos, filosóficos, psicológicos y de simbología religiosa, tan oscura para la mayoría y, por lo tanto, prohibitivos y desperdiciados en su totalidad, a pesar de que son un tesoro inapreciable; y nada de lo que estoy exponiendo aquí es nuevo. Todo está dicho, descubierto y enseñado desde los tiempos más remotos. Sólo está ignorado o mal comprendido.

En cualquier tratado de Biología encontrarás expuesto, en términos técnicos, lo que ahora te voy a describir en palabras «de a centavo». Cuando tú frunces el ceño y amarras la cara, se opera una reacción en la médula cerebral, que baja junto con el fluido de la columna, se infiltra en el hígado después de haber pasado hasta allí por medio de un proceso que llaman «de ósmosis». Una vez que ha entrado en el hígado transforma la colesterina en bilis; la bilis altera el humor poniéndote amargo y ese mal humor te hace amarrar la cara y fruncir el ceño. Es un círculo vicioso que te mantiene en el clima «infernal», en el cual el mal se encuentra a sus anchas, se alimenta y crece y atrae todo lo de su clase que esté flotando por ahí.

Ahora invirtamos el proceso para ver lo que pasa. Al sentirte con el ceño fruncido y la cara amarrada o al pasar por un espejo y constatar tu expresión, oblígate a sonreír y a relajar esos músculos apretados. Se lo debes a tu salud y a tu alma. Inmediatamente se transforma el fluido cerebro-espinal. Cuando llega al hígado actúa como un baño de gracia. Te sientes bien, alegre, respiras profundo, se te endulza la expresión. Estás en el clima celestial. Allí no prospera el mal. Huye de él. Allí no ocurre sino lo bueno. Tú escoges. ¿Vives en el cielo o en el infierno?

«Como es arriba es abajo; como es abajo es arriba». Así lo dijo Hermes para explicar la **Segunda Ley de la Creación,** que se llama **Principio de Correspondencia.** Para nuestros propósitos basta el ejemplo que te di en los dos párrafos anteriores. Verás que el cuerpo y el espíritu se complementan. Tienen que andar juntos y actuar conjuntamente. No podemos divorciarlos. Si el ser humano está feliz, está sirviendo al Ser Divino. Si el hombre está infeliz, se aparta del Ser Divino y, por lo tanto, no está sirviendo a Dios, ya que el Ser Divino de cada hombre es una célula de Dios, o sea, el Hijo de Dios.

...e es la evidencia de las cosas que a...

La Biblia toda es un poema.

Jesús dijo: «*Por tus palabras...*

por tus palabras serás justificado...

expresar la misma verdad. Tan...

entra por su boca lo que c...

que sale de su boca, por...

corazón procede». O...

misma verdad. Se...

creencia de que...

de comer en...

Sin e...

por las...

tes)...

d...

pensamiento hablado y en ese sentido la empleó Juan, convocando a la Verdad para que hablara por él en sus palabras. «*Se hizo carne*» fue el decreto que se manifestara; «*y habitó entre nosotros*» es la reafirmación de este decreto. Al mismo tiempo es una información para la posteridad: «*En el principio...*».

Juan fue enseñado íntimamente por el propio Maestro de la Metafísica cristiana y nos asombra lo bien que expresa el proceso la frase: «*Se hizo carne y habitó entre nosotros*», además de que de un solo golpe afirma la Fe.

...n no se ven».

*...serás condenado, y
...*». Más claro no puede
...nbién dijo: *«No es lo que
...ontamina al hombre, sino lo
...que lo que de la boca sale, del
...a diáfana manera de expresar la
...o dijo a los Judíos para rebatirles la
...era «malo» comer ciertas cosas, como la
...a compañía de los Gentiles.

...nbargo, nada de esto ha sido tomado en serio
...glesias; y la gente (imperdonable en los sacerdo-
...continúa hablando tonterías sin darse cuenta que ca-
...palabra que pronuncia es un decreto que se manifiesta
en ellos y en sus vidas. Sobre todo aquello de que la voluntad de Dios es algo desagradable y duro de aceptar.

Te propongo que resuelvas un día poner atención a
todo lo que digas durante ese día. Te sorprenderá la cantidad de decretos negativos que lanzarás.

Vamos a recordarte algunos de los que emplea la
mayoría a diario, y tú entre éstos, por supuesto: «Los negocios están malísimos»… «Las cosas están muy malas»… «La juventud está perdida»… «El tráfico está
imposible»… «El servicio está insoportable»… «No se
consigue servicio»… «No dejes ese dinero allí porque lo
van a robar»… «Los bandidos están asaltando en todas

las esquinas»… «Te vas a caer»… «¡Te vas a matar!»… «Te va a pisar un carro»… «¡Vas a romper ese vaso!»… «Yo tengo tan mala suerte que…» …«Yo tengo muy mala memoria»… «Yo no puedo probar eso, me hace daño»… «Mi reumatismo»… «Mi alergía»… «Mi dolor de cabeza»… «Mi mala digestión»… «Ése es un bandido»… «Ésa es una desgraciada»… «¡Cuándo no! ¡Tenía que ser!»… etc. Una vez pronunciado el decreto, procede a manifestarse.

¡Y todo eso es mentira! A la luz de la Verdad del Ser es mentira. Todo eso es dicho por costumbre, sin pensarlo siquiera, porque *del corazón procede*. Todo fue grabado con la palabra y el sentimiento. Fue aceptado por el pensamiento.

Claro está, las imágenes ya están lo que se llama metafísicamente «cristalizadas» en el Subconsciente por venir desde muchas vidas anteriores. Al principio tu conciencia no captará la posibilidad de reformarlo todo, pero devanando la cuerda se llega al hilo. Basta con un gramo de buena voluntad. Basta con el deseo expresado, o simplemente sentido, para comenzar a deshacer toda la cristalización. Basta con que cada vez que te encuentres expresando un pensamiento negativo, lo niegues, lo rechaces y digas que ya no aceptas más esos conceptos. Luego ve la Verdad del Ser, da gracias con toda tu alma por la sublime oportunidad que se te ha brindado para limpiar tu Subconsciente y sanar tu alma. De un solo golpe te has confesado, arrepentido y perdonado; pues la confesión y el perdón no son válidos sino frente a uno mismo. Después, si tú eres católico, puedes cumplir con los preceptos de tu iglesia si tú quieres, pero al primero a quien hay que perdonar es a uno mismo. Hay personas que no se perdonan jamás el haber faltado en algo y, por lo tanto, se odian. Eso es soberbia y venganza. ¿Con qué derecho buscan el perdón de otro?

Jesús dijo: *«El hombre de su mal caudal saca cosas malas. De su buen caudal, saca cosas buenas». «Ama a tu prójimo como a ti mismo»* implica una autorización para amarse en primer término y al prójimo en segundo. Tenerse respeto y dignidad, aceptarse uno tal cual es, sin exigencias desmedidas y comprender que fallar es humano y el perdonar es divino. Primero, pronunciar la palabra de Verdad por uno mismo para poder pronunciarla por el prójimo.

La Palabra es el pensamiento hablado; luego está regida por la **Primera Ley de la Creación,** que en los textos clásicos se llama **El Principio de Mentalismo.**

Esta Primera Ley te la expliqué en los cuatro primeros capítulos y he terminado de desarrollarla en éste. Inserté una idea de la **Segunda Ley de la Creación,** o sea, **El Principio de Correspondencia,** en el Capítulo anterior, porque las Leyes todas se entrelazan y dependen unas de otras y en ese punto convenía exponértela.

La Vibración

*E*l diccionario define la palabra *«vibración»* como un temblor rápido. La mayoría cree que sólo del sonido procede vibración. Todo vibra.

La vibración es medida por su velocidad, o sea, por el número de oscilaciones que ocurren en un segundo de tiempo y la manera de expresarlo es: «Esta vibración tiene una **frecuencia** de (número)». Es decir, «esto vibra a tal frecuencia».

Entre los colores, el blanco, que es la reunión de todos los colores vistos en la luz, es el que vibra a más alta frecuencia. El negro es también la reunión de todos los colores, pero vistos a la sombra, y tiene la frecuencia más baja de todas, o sea, cero frecuencia para nuestro entender.

Los pensamientos emiten vibraciones que parten en todas direcciones, tal como las ondas que se forman en el agua cuando a ésta le cae una piedra, y tiene color. Los pensamientos negativos son sombríos y, por lo tanto, vibran a baja frecuencia. La gente los llama «pensamientos negros» con razón. Los pensamientos positivos son luminosos y, a medida que se acercan a la Verdad, van siendo más y más luminosos hasta que llegan a ser radiantes cuando expresan la Verdad Absoluta, que es Dios.

Las altas frecuencias dominan a las bajas frecuencias. Los pensamientos de alta Verdad disuelven los pensamientos sombríos, bajos, falsos, actuando como una carga de dinamita en una roca. Esto te hará ver lo que ocurre cuando tú opones el pensamiento y la palabra de la Verdad a un cúmulo de cristalizaciones sombrías, y por eso te dije que bastaba con el deseo sentido para comenzar a deshacer las cristalizaciones acumuladas en el Subconsciente.

Las personas que tienen la videncia desarrollada (todos tenemos esa facultad, pero la mayoría no la ha desarrollado) conocen los pensamientos por su color y como saben el resultado exterior de cada tipo de pensamiento pueden predecir el futuro. Ven claramente el producto inevitable de cada persona.

Los pensamientos de amor y buena voluntad son color de rosa iridiscente. El de la pasión sexual es rojo encendido. El color de los pensamientos de vida es amarillo. El de la inteligencia es lo que llaman hoy *chartreuse,* muy luminoso. Los de misticismo son color violeta iridiscente y profundo. Cuando hay negatividad mezclada con estos colores, el tono se vuelve sucio. Por ejemplo, en la persona cuya inteligencia está aún sin desarrollar, o embrutecida, el color es de la mostaza. La pasión sexual, cuando no es comprendida y está guiada únicamente por el instinto animal, es marrón rojizo.

Las vibraciones mentales forman un aura de forma ovoide alrededor del cuerpo y en esa aura se ve toda la composición de colores que emanan del pensamiento individual. El Subconsciente limpio, positivo, produce un aura luminosa, multicolor, como el oriente de la perla. Como las altas frecuencias dominan a las bajas, ningún pensamiento negativo que viene de afuera puede penetrar en un aura y un ambiente positivo. Para que pudieran penetrar en la mente de un individuo, éste se tendría que poner «a tono» con ellos, o sea, que tendría que ponerse a pensar en forma negativa.

La **Ley de Atracción** es inmutable. Ella ordena que todo atraiga su igual. Las imágenes que están grabadas en el Subconsciente atraen irremisiblemente todo lo de su misma clase y repelen todo lo que no sea afín a ellas. Por eso es que si el concepto del individuo es bueno, no se ve sino el Bien. Como no puede atraer lo que no es igual a su concepto, no puede acercársele nada malo; y a la inversa. El individuo que está lleno de conceptos errados no le ocurren sino cosas malas, porque no le es posible atraer otra cosa. Ésa es la explicación del llamado «contagio del pánico».

¿No has notado que cuando te entregas a meditar o darle vueltas a tu cabeza a algún incidente, digamos una malacrianza que se te ha hecho o una ofensa, como te va aumentando la indignación y el resentimiento? ¿Comprendes ahora que atraes todos los pensamientos iguales y que éstos vienen a aumentar el volumen de los tuyos? El que ya conoce esta Ley no se permite jamás el lujo de entretener en su mente una sola idea desagradable. Al pensarla la rechaza, la compara con la Verdad del Ser y piensa inmediatamente en algo bueno. Espero que te habrás dado cuenta de la necesidad de mantenerse risueño, viviendo en el clima celestial. **Piensa lo bueno y se te dará**.

Debido a esta **Ley de la Atracción,** al salir un pensamiento de la mente busca a sus semejantes y se junta con ellos. Hay en la atmósfera grandes masas como nubes de pensamientos. Si el concepto colectivo de una ciudad es pesimista, las nubes son gris oscuro. Planean sobre la ciudad, rodean a los habitantes, acuden a donde sean atraídas, mantienen a toda la población en su mismo concepto y a esto se debe el «carácter» de las diferentes nacionalidades y razas. ¿No te ha ocurrido entrar en una casa y sentir el ambiente pesado o alegre golpearte al entrar? ¿Has notado el ambiente mortuorio o triste de un entierro? ¿Has sentido el ánimo oprimido al pasearte por una casa vacía, sin comprender el porqué? No hace mucho yo acompañaba a una amiga en la búsqueda de un apartamento. Al entrar en uno de aspecto muy bonito, muy elegante, y al parecer muy convincente, ambas tuvimos una sensación muy desagradable y lo comentamos. Al día siguiente fuimos informadas de que allí había ocurrido una serie de tragedias.

Las personas de mente positiva aligeran el ambiente, las masas negras huyen lejos para luego regresar cuando ya no está presente quien las perturbe. Si un metafísico entrenado entra en contacto con semejante ambiente, deja un beneficio duradero, porque su sola presencia destruye la obscuridad de la misma forma como se disipa la noche cuando se enciende una luz. ¿Para dónde se va la obscuridad cuando sale el sol? Para ninguna parte, se convierte en luz.

La persona que ya ha logrado transformar sus conceptos, que ya ha formado el hábito de consultar y conectar todo con el Ser Divino, tiene el poder de destruir las cristalizaciones ajenas con solo «pensar la Verdad» frente a los males que pueden ocurrir en otros. Ésta es la explicación de las curas y milagros de Jesús.

El Mandamiento de *«Amar al prójimo como a uno mismo»* no significa que estamos obligados a sentir afecto. *«Perdona a tus enemigos». «Haz el bien a aquellos que te persiguen y te odian». «Vuelve la otra mejilla».* Todo esto significa que al mirar entrar el mal en otro debemos pensar en su Ser Divino y declarar la verdad. Simple, sencillo y fácil. No hay modo más práctico de disolver el resentimiento que tengamos. Muchas veces oímos exclamar: «¡Yo perdono, pero no puedo olvidar!» Si tú eres de éstos, ensaya lo que te he dicho. No tienes necesidad de dirigirte a la persona que te ofende. No tienes para qué mirarla. Será mucho mejor que no la mires, porque no podrías apartar el pensamiento de lo que te ha hecho. Simplemente piensa en el Ser Divino **tuyo,** ya que es uno mismo en todos. Dirígete a éste y al instante sabrás cuál es el «tratamiento» que debes dar; o sea, que te vendrá a la mente el aspecto de la Verdad que debes invocar. Contra el odio y la inarmonía, El Amor. Contra la enfermedad y la amenaza de muerte, La Vida. Contra la estupidez, la inteligencia. Contra el desorden, El Principio. Contra las barreras absurdas, las fronteras arbitrarias, las prohibiciones «legales» sin lógica, de las cuales te citaré algunas para que vayas aprendiendo a emplear bien la Verdad: inconvenientes de pasaportes, retardos de entregas de documentos, molestias de tránsito, papeleo burocrático, inconsistencias policiales y gubernamentales… contra todo esto, Espíritu. Dios es Espíritu. ¿Quién detiene, atrasa, retarda, impide, prohíbe u opone barreras absurdas a Dios? ¿Qué cosa impide pasar al Espíritu?

Todo esto es la Verdad. El pensamiento que se torna a la Verdad vibra a la más alta de las frecuencias y ninguna otra frecuencia menor la puede dominar. Sólo hay un peligro; permitir que se mezcle la impaciencia o la ira con un pensamiento de la Verdad. Todo trabajo espiritual tiene que ser hecho con calma. Mi Maestro exigía aún más. Recomendaba que todo trabajo espiritual fuera hecho «como quien pinta un cuadro sobre una tela de araña». Esto se debe a que las vibraciones del pensamiento espiritual son de tan altísimas frecuencias y de un poder tan grande, que hay que manejarlas con gran delicadeza.

La Vibración es la **Tercera Ley de la Creación.**

El Vacío

El vacío no existe. Más que nunca en este siglo se está comprobando. El aire está lleno de átomos y de partículas de polvo. El átomo es mitad espíritu y mitad materia. Materia porque es el comienzo de ésta. Espíritu porque es invisible y es energía. El átomo está al borde de la división entre materia y espíritu.

La Naturaleza no soporta el vacío. Deja un potecito de tierra desatendido y olvidado y al poco ha brotado en él una espiguita verde. Lo mismo ocurre con un recipiente de agua. No tardará en mostrar minúsculas larvas de vida en agitado movimiento.

La Naturaleza tampoco soporta el desperdicio, todo está en proceso de convertirse en algo útil; todo sirve para algo y para alguien y todo tiene su sitio propio y exacto.

Todo ser humano viene a la Tierra con lugar ya dispuesto para él; con una labor que realizar, equipado con un talento especial que lo dispone al trabajo y al puesto que le pertenece.

Así como cada huella digital es única en el mundo y en toda la Historia de la Tierra, cada individuo es único; su puesto, sitio o lugar es únicamente para él; nadie más puede desempeñar la labor como él. Si el sitio que le corresponde está momentáneamente ocupado por otro, los dos individuos se sentirán defraudados, incómodos y estarán haciendo mal lo que estén desempeñando en el momento.

La labor que nos corresponde a cada uno, sea en el Comercio, en las Artes, en las Letras, en la Religión, en el Gobierno o en la Agricultura, es muy fácil determinarla; cada uno está capacitado para conocer su lugar único. Está en aquello que más le gusta hacer en el mundo. Aquello que no parece trabajo, que cuando uno lo está haciendo se olvida de todo y considerará absurdo que le paguen por hacerlo cuando se está divirtiendo tanto. Está de acuerdo con la **Segunda Ley de la Creación,** o sea, **El Principio de Correspondencía.**

Si eres un desajustado, busca en ti lo único que te gusta hacer, declara que tu lugar te está esperando, reúnete con personas de tu misma afinidad, dirígete hacia el lugar que más te guste y pide luz a tu Ser Divino para que te indique dónde debes encontrarlo.

Lo mismo debes hacer cuando veas a alguien sin trabajo o sin propósito en la vida. Declara la Verdad por él. El desempleo es un concepto errado. La inarmonía es producto del desajuste. El vacío no existe, el desorden no existe, ni el desperdicio. Éste es un universo basado en el orden y la armonía entre todas sus partes.

Cuando hace falta algo, desde un tornillo hasta un marido, desde un cuchillo hasta una suma de dinero, desde un lugar para estacionar el carro hasta una cocinera buena y honrada, lo que sea, declara la Verdad: «La

Naturaleza detesta el vacío, el desajuste y la inarmonía». Verás aparecer el complemento de alguna manera. A alguien le falta lo que a ti te sobra. A alguien le sobra lo que a ti te hace falta. La Oferta y la Demanda es la parte de la **Cuarta Ley de la Creación,** que es el **Principio del Ritmo.**

Un joven me consultó en este mismo sentido. Perdía todas las colocaciones y se encontraba desajustado en todas partes. «No sirvo para nada. Todo lo hago mal», me dijo.

—¿Qué es lo que más te gusta hacer? —le pregunté.

—Nada —me contestó—. Me gusta no hacer nada.

—¿Y por qué pierdes todas las colocaciones?

—Porque me aburren y me pongo a conversar con mis compañeros de trabajo, los distraigo y pierden el tiempo de la Empresa.

—Entonces, ¿tus compañeros de trabajo encuentran que lo que les conversas vale la pena escucharlo?

—Bueno… sí. Ellos también se olvidan del tiempo y del trabajo y…

—Bien, no busquemos más —interrumpí—. Si lo que tú hablas, o la manera de exponerlo, ejerce tal magnetismo, estás mandado a hacer para un puesto en Relaciones Públicas. Búscalo hasta que lo encuentres. Te está esperando.

Así lo hizo. Cuando lo volví a ver irradiaba plenitud.

A esta Verdad se refería Jesús cuando dijo: «*Mirad las aves del cielo como ellas no siembran, ni siegan, ni recogen en graneros; y vuestro Padre Celestial las alimenta.*

Considerad los lirios del campo como crecen; no traba-
jan ni hilan, más yo os digo que ni aun Salomón en toda
su gloria fue vestido como uno de ellos». Esto no significa que estamos autorizados para entregarnos a la pereza y
que la comida y las ropas nos caerán del cielo. Lo que significa es que cada cual en su sitio apropiado tendrá todo
lo que necesita, sin trabajo y sin esfuerzo.

A los pájaros no les corresponde sembrar ni segar ni
recoger en graneros. Esto sólo le corresponde al hombre
que en ello encuentre su mayor placer. El cometido de
las aves es el de continuar la especie voladora que va a
tener al Plano Angélico. Su contribución a la vida del
hombre es la de recrear la vista y los oídos.

A las flores no le corresponde trabajar hilando telas.
Su cometido es el de florear simplemente. Su contribución, además de recrear la vista y adornar, es la de proveer con la miel y el polen a completar la labor de las
abejas. La Mente Superior se encarga del resto. Así, nosotros, cada uno en su sitio natural, estamos ajustados,
somos felices y rendimos la utilidad que se desprende.
La Mente Superior completa la Ley.

El Derecho de Conciencia

*H*emos vivido centenares de vidas anteriores a la que ahora estamos viviendo. Fuimos un átomo, fuimos una gota de agua, fuimos vegetal, mineral, animal y hombre. En nuestra etapa humana, hemos sido hombre o mujer muchas veces. Hemos pertenecido a todos los niveles sociales y, en cada uno de esos niveles, hemos aprendido las lecciones propias del nivel.

Si hoy somos personas que vivimos rodeados de las ventajas, comodidades y adelantos modernos es porque lo hemos merecido en nuestra trayectoria. Cada objeto que poseemos por herencia, por compra o por regalo, lo tenemos ahora porque en alguna vida anterior aprendimos a usarlo y nos habituamos a él. La imagen de ese objeto es ya un reflejo en nuestro Subconsciente y, a menos que nosotros mismos la disolvamos, el objeto lo tendremos siempre con nosotros. Ése u otro igual.

Este derecho adquirido se llama, en el lenguaje metafísico, «El Derecho de Conciencia». Significa que no es posible perder jamás, ni es posible que se nos pueda robar un objeto cualquiera, ni una joya, ni un dinero. Absolutamente nada. ¿Cómo se puede perder ni ser robada una imagen que está grabada en nuestro Subconsciente? No es posible.

Es parte de la **Cuarta Ley de la Creación;** de ella dijo Jesús: *«No os alleguéis tesoros en la tierra donde*

los ladrones las hurtan y el moho destruye. Antes alle-
gaos tesoros en el cielo, donde el moho no puede des-
truirlo ni los ladrones los pueden hurtar». La creencia
general es que esto significa que debemos coleccionar
virtudes y despreciar las posesiones terrenas, pero no es
así. El Maestro expuso la Ley en esas palabras, añadien-
do: *«Porque donde está tu tesoro está tu corazón».* Ya
sabemos lo que Él quería decir con la palabra «corazón»; además, la frase como Él la dijo era: *«Porque lo*
que está en tu corazón es tu tesoro». Fue mal traducida
y adulterada cuando la pasaron del idioma arameo (en
que hablaba Jesús) al latín.

Cuando a ti se te extravía algún objeto de tu posesión, cuando se te pierde algo por la calle o cuando algo
te sea robado, con sólo recordar el hecho de que lo que
tú posees lo tienes por Derecho de Conciencia, que está
grabado en tu Subconsciente y esta imagen no te la pueden quitar ni la puedes perder, basta para que el objeto
aparezca intacto. Alguien te lo devuelve, lo encuentras tú
mismo o recibes un regalo de un objeto similar. Sin ningún esfuerzo para ti volverá a tus manos de ahora en adelante, porque ya conoces la Ley. No la olvides. No te
angusties ni le temas a los ladrones. Tu pensamiento en
ese respecto se convierte en positivo y no se te puede
acercar alguien con intención de hurtar. Te recomiendo
hacer la prueba la próxima vez que extravíes algo. Declara: «Nada que es mío por Derecho de Conciencia puede

perderse o ser robado». Luego, da las gracias por el inmenso don que se nos ha conferido en una Ley tan sabia. Cuando el objeto vuelva a tus manos, lo cual no tardará en suceder, vuelve a dar las gracias.

Mi Maestro decía que el que conoce la **Ley del Derecho de Conciencia** y la practica hasta formar de ella su concepto, puede dejar en medio de una calle transitada un billete de alta denominación y nadie lograría verlo. Al día siguiente lo volvería a encontrar en el mismo sitio.

Para lo cual es necesario tener el concepto ya formado y la imagen del temor a los ladrones totalmente disuelta. Yo sé que la primera vez que empleé la Ley, únicamente por obediencia y sin tener la convicción sembrada en mí, estaba en Nueva York y dejé mis anteojos olvidados en un taxi. Al llegar a la casa me di cuenta de que los había perdido y, como venía de la clase de metafísica con la lección fresca en la mente, declaré al instante la Verdad: «Nada que es mío por Derecho de Conciencia se puede perder. Mis anteojos volverán a mí. Ellos están en el sitio que les corresponde: frente a mis ojos».

Pasaron cuatro días y me llamaron de la Conserjería para que bajara a hablar con un *chauffeur* de taxi que me buscaba.

—Señora, ¿serán suyos estos anteojos? —me preguntó al verme, extendiéndome los lentes.

—Sí, son los míos. ¿Cómo se le ocurrió a usted que eran míos?

—Mire usted qué cosa tan extraña la que me ha sucedido. Los taxistas tenemos que entregar en la oficina todo objeto olvidado por si lo reclama el cliente que lo dejó. Yo no pude decidirme a entregar estos anteojos. Como en la oficina quedan anotados todos los recorridos que hacemos cada día, yo me impuse la tarea de visitar a cada cliente que conduje ese día. He tenido que hacerlo fuera de horas de trabajo, por supuesto, y por eso me he tardado cuatro días hasta encontrarla a usted. Esto jamás me ha sucedido. ¡Unos lentes corrientes!

Le di una buena recompensa y se me quedó grabada la Ley desde ese momento.

Sin mis anteojos no veía claro, no podía escribir, se interrumpía el ritmo de mi vida. Este mínimo detalle alteraba el ritmo de una serie de otras cosas que afectaban a terceros. El Universo está basado en el orden y la armonía entre todas sus partes.

Polaridad

No hay un solo deseo tuyo que no puedas realizar. Todo aquello que tú consideras imposible de obtener, aquello que juzgas «demasiado bueno para que te ocurra» es precisamente lo que más deseas en el mundo. El deseo está en el fondo de tu corazón. Lo único que no lo deja surgir es el temor, las dudas y los decretos negativos que haces constantemente. Muy especial ese decreto: «Es demasiado bueno para que se manifieste».

Cambia de Polo. Hasta ahora has estado actuando de fijo en el Polo Negativo. Cámbiate al Polo Positivo. Esto lo haces de la manera siguiente: Declara de una vez que tú has terminado de utilizar los conceptos de ayer, que hoy eres una persona nueva, distinta, que reclamas tu bien, que lo deseas y estás esperando que comience a manifestarse ahora mismo. Declara que ya no quieres vivir más en el ambiente del mal, sino en el ambiente del bien. Decreta la Verdad de que, por virtud de tu deseo y tu palabra expresada, ahora mismo, ya, estás viviendo en el Polo Positivo y niégate a aceptar ninguna duda al respecto.

Ahora procede de la siguiente manera, cada vez que expreses un deseo, di: «Yo deseo tal cosa, en armonía para todo el mundo y si es voluntad del Padre. Gracias, Padre, porque ya me has oído». De esta manera no podemos causarle ningún inconveniente a alguien. Como nuestras vidas están tan entrelazadas, el bien tuyo podría constituir el mal de otro. Vamos a poner un ejemplo: Tú y otra persona desean un mismo objeto, no hay sino uno solo; tú, con tus conocimientos superiores lo obtienes; pero te has perjudicado. Como en la Verdad no existe semejante situación, tú, al desearlo en armonía para todo el mundo y si es la voluntad del Padre, obtendrás lo que deseas, ése, otro idéntico o mejor. Serás guiado al lugar donde se encuentre. Ella tampoco (y nadie) ha sufrido perjuicio.

En este ejemplo sencillo estás viendo el objeto. Pero en muchas otras circunstancias no será un objeto que tienes por delante, sino algo que tú crees que te incumbe a ti nada más cuando en realidad puede alterar el ritmo de otro u otros.

No te antojes jamás de algo que otro posee. No es necesario despojar a nadie para satisfacer nuestros deseos. Todo lo que puedas anhelar ya existe en tu propio caudal. Reclama tu propio Bien.

Muchas veces nos empeñamos en lograr algo y luego nos arrepentimos de haberlo obtenido. Esto se debe a que lo que hemos deseado obedecía a un mero capricho. Por eso siempre se debe desear o pedir de acuerdo con la voluntad del Padre. Así estamos seguros de que lo que manifestamos es lo que nos va a satisfacer.

La Bendición

*H*az la prueba tú mismo ensayando lo siguiente: Pon dos plantas una al lado de la otra. Riégalas a las dos todos los días, pero escoge una de las dos para bendecirla y alabarla. Dile muchas cosas bonitas. Ámala. A la otra cuídala, pero no la bendigas ni la alabes. Verás tú mismo el resultado.

Cada vez que sucede algo malo o desagradable, no pierdas un instante, di: «Es por Bien. Bendigo el Bien que contiene». Todo contiene el Bien y al tú bendecirlo se aumenta y se manifiesta. Lo que parecía malo se convierte en una gran bendición y una felicidad porque lo habrás pasado al Polo Positivo.

No bendigas a las personas, bendice al Ser Divino en ellas. No bendigas a un enfermo, bendice al órgano saludable que está manifestando una mentira. Bendice la salud y la Verdad en él.

Ten cuidado esmerado en no expresar jamás algo que vaya en contra de otros. **La Ley del Ritmo** *(«No hagas a otros lo que no quisieras que te hicieran a ti»)* es un buen bumerang y no perdona. Lo que le hagas a otros se devuelve y te lo harán a ti. Si le deseas mal a otro, te ocurrirá ese mal a ti. Si calumnias o criticas, otros te calumniarán y te criticarán. Si bendices a otro, encontrarás quien te bendiga a ti. Si ayudas a otro, encontrarás ayuda cuando más lo necesitas. Si perdonas, serás perdonado. El Ritmo es un péndulo.

Cuando alguien te haga un daño, no lo bendigas. Bendice su Ser Divino, dile mentalmente «que se te haga el bien» y piensa en otra cosa. Así, cuando tú hagas algo sin intenciones de herir o molestar a otros, pasará desapercibido y nadie lo sentirá.

Cuando te irrite un majadero, bendice en él a «un ángel desconocido». Verás que te dará una buena noticia o un dato útil.

Cuando no quieras ser interrumpido en algún trabajo, declara la armonía del Ser. Di: «No es armonioso el ser interrumpido. Dios está en este trabajo y, al mismo tiempo, en el inoportuno. No es posible que Dios se divida en dos y que las dos partes sean antagónicas».

El Universo está constituido así. Todo surge del principio masculino y femenino. El pensamiento es masculino: Polo Positivo; El Alma es femenina: Polo Negativo. Ahora es cuando puedes comprender lo que al principio te hubiera confundido y es que el pensamiento, para manifestarse, necesita unirse o ser casado con un sentimiento.

El Alma es la sede de las emociones, de los sentimientos…

Alma

*C*asi no te he nombrado el Alma, porque es un estudio que ha ocupado demasiado la atención de los hombres. El Alma es ese «fantasma» que a veces aparece y asusta. Es también la sede de las emociones.

El Alma del hombre habita lo que llaman «el Plano Astral». Lo habrás oído nombrar mucho. Las fuerzas que rigen ese Plano son llamadas «psíquicas». Es el reino de las experiencias fenomenales como el espiritismo, la mediumnidad, ciertas manifestaciones magnéticas, etc. Es un Plano muy ameno, muy distraído, muy interesante, pero también aterrador a veces. Pocos de los que se dedican a estudiarlo, deslumbrados por sus manifestaciones misteriosas, pasan de allí. No adelantan ni espiritual ni materialmente, a pesar de que todos viven bajo la ilusión de estar en La Verdad.

Jamás ningún estudiante del Plano Astral es feliz, ni sano de cuerpo, ni rico. No logran dominar sus problemas ni sus defectos. Sus conceptos son negativos y ven el mal como el resto de los ignorantes. *«Por sus frutos los conoceréis»,* dijo Jesús.

Para resolver sus problemas los verás consultando con las almas de los muertos; corriendo a consultar a las personas que leen la mano, tiran las cartas y predicen el futuro.

Estos «espíritus», o almas descarnadas, siempre son del mismo grado de evolución del que las llama, pues no se puede atraer, ya lo sabes, sino lo que sea igual a la propia conciencia. Generalmente, los consejos que reciben son contradictorios, de acuerdo con la opinión del «espíritu» que lo está impartiendo, y llevan a sus víctimas de la confusión al desastre.

Las personas «psíquicas», estudiantes del Plano Astral, tratan de asombrar a los demás con sus conocimientos misteriosos y que rara vez «les es permitido revelar». El «psiquismo» termina por enloquecerlos, porque sin la guía del Ser Divino y la Verdad, el Plano Astral se convierte en un laberinto sin salida.

A ese Plano se refirió Jesús cuando dijo: *«Ancha es la puerta y espacioso el camino que lleva a la perdición y muchos son los que entran por ella. Porque la puerta es angosta y estrecho el camino que lleva a la vida y son pocos los que la hallan»*. La puerta angosta, que, sin embargo, se abre a la amplitud de la vida, «mira» hacia el Ser Divino, pues mirando al Bien se produce el Bien. Mirando siempre hacia la sombra no se manifiesta sino sombra. *«Por sus frutos los conoceréis»*.

En GÉNESIS, cap. 30, ver.30, aparece este axioma: *«Por sus frutos los conoceréis»*, que está simbolizado en el siguiente relato. Después de haber servido a Laban, el padre de su esposa, durante muchos años con toda eficacia y lealtad y no haber recibido ninguna recompensa,

Jacob le pidió a su suegro que le diera un salario. Laban le preguntó «¿Qué te daré?». Y Jacob le contestó: «Aparta de tus reses todos los machos cabríos listados y manchados y todas las cabras salpicadas. Éstas y la cría que salga listada, manchada y salpicada serán para mí. Los blancos y los negros serán todos los tuyos de hoy en adelante». Laban convino y separó las bestias. Jacob entonces cortó varas de álamo, de avellano y de plátano oriental; descortezó en ellas listas de manera que apareciera lo blanco de abajo contrastando con lo que les quedara de corteza oscura y las echó en los abrevaderos de las reses de Laban. Éstas tenían que mirar la vara cada vez que bebían el agua en que flotaban y la cría que parían salía también manchada, listada y salpicada. De esta manera aumentaron sus rebaños en cantidades extraordinarias.

No se trata aquí de una lección de moral sino de exponer la Ley a la manera bíblica; de lo que se mira, se reproduce.

El Ser Astral es humano. El alma humana es la que se gradúa al Plano Astral y es la que acude a las sesiones espirituales. Conserva aún sus conceptos intactos y no sabe ver ni juzgar de otra forma sino de acuerdo con lo que ve.

Tú que estás buscando la luz y que tal vez eres miembro de alguna secta u orden de las que se llaman «espirituales» observa el fruto de tus maestros y dirigentes. ¿Padecen de enfermedades y achaques? ¿Mueren tuberculosos o de cáncer? ¿Viven de limosnas o exigen contribuciones determinadas o condenan el dinero? ¿A menudo sufren de la calumnia y la persecución? *«Por sus frutos los conoceréis».* Ignoran por completo el significado de las leyes básicas. Sus conceptos son tan errados como los tuyos. ¿Qué te pueden enseñar? ¿Ostentan títulos altisonantes de suprema autoridad? Jesús dijo: *«No llaméis a nadie Padre, pues uno solo es tu Padre, que está en el cielo».* ¿Llevan vestimentas impropias de la época en que vivimos? Están viviendo aún en el pasado remoto, en la Era precristiana cuando la moda en los hombres era la bata y el manto. Sus ideas están en esa Era. No han avanzado un paso. ¿Restringen la libertad de acción de sus discípulos? ¿Prescriben unos alimentos o imponen otros? Ignoran hasta las enseñanzas del que dicen seguir: *«No es lo que le entra por la boca lo que contamina al hombre, sino lo que sale por su boca».* No tienen nociones de ciencia alguna. ¿Qué clase de «Maestro» es el que ignora el **Principio de Vibración,** tercera de las Leyes de Hermes, el más conocido y popular de los iluminados de la Antigüedad?

«Por sus frutos los conoceréis» significa que por sus problemas, sus achaques, su pobreza, o sea, su **manifestación,** podrás juzgar cuáles son sus conceptos. ¿Sus libros y textos subrayan el castigo, la amenaza, el peligro, inspiran angustia y temor? El capítulo 23 de **Mateo Evangelista** transcribe las palabras de Jesús tocante a es-

tos individuos. Los llama «*falsos profetas que vienen a vosotros vestidos de ovejas, mas por dentro son lobos rapaces*» y repite: «*Por sus frutos los conoceréis. No se cogen uvas de los espinos ni higos de los abrojos*».

Hay sectas que irradian bondad y amor al prójimo. Su intención y buena voluntad son inmejorables, pero muestran una crasa ignorancia de los principios básicos de la Creación. Algunas no comen carne, alegando que la carne animal ensucia al hombre con sus vibraciones impuras. No tienen conocimiento alguno de la naturaleza de estas vibraciones y sus frecuencias. Ya tú sabes que el pensamiento puro no puede recibir al impuro y lo que es más, lo neutraliza o lo transforma, como la luz a la sombra.

Una de las pocas maneras que tiene el animal para adelantar rápidamente en su evolución es la de servir al hombre. Cuando la oportunidad de servir se le presenta a un animal, el Espíritu que rige a toda su especie se estremece de dicha porque, al avanzar un ejemplar del grupo, avanzan todos los que vienen detrás hacia el plano humano.

La naturaleza animal del hombre requiere el alimento animal en todos los grados carnívoros. El pez grande se come al chico hasta que llega el momento en que el hombre es guiado por su Ser Divino. Para entonces el deseo y la necesidad de comer carne animal desaparece automáticamente. No hay que forzar, no se puede; es contrario al Plan Universal. Los excesos se normalizan con solo mirar la Verdad del Ser con mayor frecuencia.

Mientras más rudimentaria es la conciencia, más se necesita del sacrificio para adelantar. El hombre que se ve obligado a matar un animal **para beneficio de una colectividad,** lejos de cometer un crimen le brinda una mejor oportunidad desde dentro del reino animal. Es la ley de los mundos inferiores.

Cuando un hombre da muerte a una bestia feroz que esté amenazando a un pueblo, digamos cuando mata a una serpiente venenosa que esté arriesgando la vida de unos niños; cuando extermina las plagas que destruyen los árboles frutales o las plantas; cuando extermina las sabandijas que invaden las casas y atormentan a los humanos, no está cometiendo crímenes sino beneficio a todos, humanos y animales.

Los animales no tienen conciencia. Sólo poseen el instinto de reproducción; las sabandijas, por ejemplo, siguiendo su ley, se propagan demasiado. El hombre tiene el deber de hermano mayor de vigilarlos y controlarlos.

Cuando el hombre alcanza la conciencia espiritual ya no tiene que matar ni atrae ninguna plaga. Mas para ahuyentarlas de su casa basta con hablarles y dirigirse al espíritu que rige al grupo. Yo misma he presenciado ese «milagro». He visto a un metafísico avanzando deshacerse de unas cucarachas y unos mosquitos que entraron a su casa. «Hermanos», dijo dirigiéndose a los espíritus del grupo, «¡Velen por sus pupilos! Están en desarmonía. Mi casa no es el medio apropiado para ellos». Luego hablándole a los animalitos, dijo: «Váyanse, bichitos». A mis ojos asombrados, vi a las sabandijas detenerse inmóviles un instante como recibiendo onda y luego salieron despavoridas.

Los miembros de las sectas que mencionábamos ignoran todo lo que estás leyendo tú ahora. Se debaten en el Plano Astral, o mejor dicho, en la fase negativa del Plano, porque como todo en la Creación, ésta tiene sus dos fases.

El Alma es astral y es la sede de los sentidos y las emociones. Sin éstos la vida valdría poca cosa, pues no podríamos sentir ni apreciar el arte, la belleza ni la música. La diferencia será la del cine mudo, antiguo, comparado con el moderno, con su colorido, su sonido y su técnica asombrosa.

Los sentidos y las emociones deben ser cultivados como se cultiva un talento, pues también son dones divinos. Por ningún concepto se les debe menospreciar, negar o rechazar; se les debe ajustar y equilibrar, y esto se logra elevando el pensamiento al Ser Divino y a su Verdad cada vez que sea necesario. Los excesos, la emotividad y el sensualismo, los regula Él, como no podemos nosotros con nuestra débil voluntad. Reprimir, frenar y frustrar nuestras emociones y renegar de ellas y de nuestros sentidos, sin apelar a la Verdad del Ser Divino, es atrofiarlas y hasta destruirlas; es matar el Alma o herirla y enfermarla. Cuando esto sucede se retrograda el ser humano al plano animal o pasa varias vidas tratando de recuperarlas.

Hay sectas que enseñan que para poder hacer contacto con Dios hay que prepararse: Hay que adoptar posiciones complicadas y enfocar la mente en algún sitio
del cuerpo, tal como el entrecejo o la base de la columna
vertebral, y luego pronunciar una palabra mágica. Todo
eso pertenece al Plano Astral y logra comunicar al ser
únicamente con las fuerzas psíquicas del Plano Astral. Lo
que están pensando es en la posición del cuerpo, el entrecejo, la base de la columna. No están pensando en Dios.
No están haciendo contacto con el Ser Divino. La Biblia
dice que Dios está presente y esto hay que tomarlo en serio y tal como suena.

Dios está en todo, en todas partes. Está presente en
ti y en todo lo que te rodea. No es preciso buscarlo como
se busca a una aguja caída al suelo. El Salmo 46 dice:
«¡Callad! Y sabed que **Yo Soy** *Dios»,* y es todo lo que
hay que hacer. Saberlo presente. Pensarlo. Se contacta a
Dios pensando en él. Nada más. Practicando la Presencia
de Dios es como se llega a verlo, sentirlo y acercarse a
Él, tal como practicando en el piano se llega a virtuoso.

Los fantasmas y las apariciones que se ven en las casas muy antiguas son los cuerpos astrales de personas
que vivieron allí. Desalojados de sus cuerpos físicos, sus
mentes continúan viviendo en el pasado y no se pueden
desprender de él. No están conscientes de lo que los ven.
Viven la vida y ven la casa como era cuando ellos estaban entre los humanos, con todos sus conceptos intactos.

Son siete los Planos o estados de conciencia. Cada Plano comprende siete subplanos, el hombre va avanzando de uno a otro con cada expansión de su conciencia. El Plano Mental es el estado de conciencia superior al Plano Astral. Luego le sigue el Plano Espiritual que es el más alto que podemos conceptuar. Conocemos muchos de los ascensos que se adquieren en este Plano, pero para nuestro propósito no es útil entrar a enumerarlos. Aquí estamos estudiando el Plano Mental y el Espiritual, o sea, las Leyes que rigen para alcanzarlos aquí mismo en la Tierra.

Hoy

*A*yer murió; mañana no ha nacido aún; no podemos contar sino con Hoy, no podemos traer el futuro al presente; tenemos que esperar a vivirlo. Para eso tenemos que vivir hoy plenamente y de la mejor manera y así se prepara el mañana. Hay que estar consciente de hoy, vivir hoy y gozarlo… mañana olvidarlo.

Muchas personas viven llorando el pasado, pensando desconsoladas en algo que ya murió. Jesús dijo: *«Dejad que los muertos entierren a los muertos. Sígueme tú a mí»* (la Vida y la Verdad).

Hoy contiene todas las oportunidades en potencia. Es una hoja nueva y limpia; si comienzas el día esperando sorpresas agradables, te caerán sorpresas agradables. **Piensa lo bueno y se te dará.**

Mirando siempre hacia atrás, no solamente se está inconsciente de lo bueno que se tiene al frente, sino que se trae todo lo malo del pasado al presente como quien insiste en quedarse en un cuarto obscuro y pestilente teniendo al lado una habitación aireada y soleada.

Esta lección está presentada en la Biblia en el caso de la mujer de Lot, a quien le dijeron los ángeles que escapara hacia la montaña (el Plano Espiritual) y no mirara hacia atrás porque sería consumida. Ella no hizo caso, miró hacia la ciudad que dejaba atrás y se convirtió en un saco de sal. La sal en La Biblia es símbolo de cristalización. Ya sabes lo que significa una cristalización en el Subconsciente, lo que cuesta disolverla. El que vive en el pasado se le cristaliza éste en el Subconsciente y no avanza un solo paso. Se estaciona y el futuro no le brinda nada. El pasado se le repite en una rueda constante. La figura del saco o la estatua de sal es muy apropiada.

Por el mismo hecho de que el pasado sí es posible traerlo al presente, es que se recomienda dar las gracias por todo tratamiento, como si éste ya hubiera sido manifestado. El tratamiento debe ser siempre hecho en el presente, debe esperarse para hoy; no funciona cuando se lanza hacia el futuro. El futuro no ha sido creado aún en términos terrenales. Dios vive en un eterno presente.

Esto significa que se debe vivir sólo «al día». La previsión es positiva. El «sentido común» expresa la Sabiduría Divina en la Tierra, pero no hay que vivir en el pasado ni temer el futuro. Emerson dijo: *«No hay nada a que temer, sino al temor».*

El día de hoy siempre trae todo lo que él va a necesitar. Los gastos de hoy siempre están cubiertos y las angustias monetarias siempre son por algo futuro. Jamás por el pasado ni por el inmediato presente. Si te encuentras en un aprieto de dinero es porque anticipaste esa circunstancia en el pasado, motivado por tu concepto. Eleva tu pensamiento al Ser Divino, con amor, descarga tu peso en Él y verás solucionarse el problema milagrosamente. (No olvides dar las gracias antes y después.)

Jesús dijo: *«Venid a mí todos los que estáis cansados y agobiados y yo os daré descanso... Porque mi yugo es suave y mi carga liviana».*

Y en el **Antiguo Testamento** está expresada la misma verdad como sigue: *«Echad sobre Jehová tu carga, y Él te sustentará. Nunca permitirá que sea movido el justo».* Verás que esto difiere mucho de la idea que prevalece de que la voluntad de Dios es la prueba, el sacrificio, el castigo y la resignación.

Cuando La Biblia habla del «justo» y «la justicia», siempre se refiere a la justeza del pensar, a la exactitud con que se enfoca la Verdad en el pensamiento. *«Buscad el Reino de Dios y su justicia»* significa: Busca el Plano Espiritual y las Leyes que lo gobiernan. En el lenguaje de hoy: **Piensa lo bueno y se te dará.** Recuerda al Ser Divino y Él proveerá la imagen.

«Conoced la verdad y ella os hará libres», dijo Jesús. Los términos: «La Verdad», «Dios», «El Ser Divino», «El Reino de Dios» y «El Reino de los Cielos» son intercambiables, significan una misma cosa.

Ídolos

*L*as primerísimas palabras de Jehová, en lo que llaman los Diez Mandamientos, fueron las siguientes: «**Yo Soy** *Jehová, tu Dios...; no tendrás otros dioses delante de mí. No harás para ti escultura ni semejanza alguna de lo que esté arriba en el cielo, ni abajo en la tierra, ni de lo que esté en las aguas, ni debajo de la tierra. No te inclinarás a ellas ni le darás culto...».*

Los judíos no interpretaron en el sentido de no colocar estatuas en sus sinagogas. Hoy vemos la verdad detrás del símbolo: No fabricar imágenes. Imágenes mentales que luego se convierten en cosa, afuera en la tierra, en las aguas, en los cielos y debajo de la tierra, o sea, en lo material, porque éstas se convierten en ídolos. En dioses que, según nuestro concepto, tienen poder por encima de Dios. No se recuerda que la sustancia que usamos para fabricar esas imágenes es la sustancia de Dios y que el producto no puede ser más poderoso que el creador de Él.

Ídolos o falsos dioses son: El temor, lo «inevitable», el «destino», el «mal», la «mala suerte», la «buena suerte» el microbio, el virus, la enfermedad, el peligro, la «flaqueza humana», la «maldad humana», los celos, la traición, los accidentes, la muerte, la lucha, el dinero, todo aquello «que tenemos que soportar» y todo aquello «sin lo cual no se puede vivir». La lista es mucho mayor, pero con lo dicho basta para sentar la idea. Todo aquello a lo cual tememos es un ídolo. Le estamos rindiendo culto al temerle. Culto por encima de Dios.

Un ejemplo del modo como se rinde en preferencia a Dios: Conocí a un muchacho enfermo de muerte; sus familiares me informaron que todo, absolutamente todo, se había hecho para salvarlo, pero que estaba desahuciado por todos los médicos más eminentes.

Les pregunté: «¿Y ustedes no son católicos?» Me contestaron: «¡Cómo no! ... Y muy devotos». Les sugerí: «¿Y por qué no le piden a Dios? Me contestaron: «Eso es lo único que nos falta por hacer, pero ya no hay ninguna esperanza». Insistí: «Pero para Dios no hay nada imposible». Repitieron con impaciencia: «¿Pero no te hemos dicho que está desahuciado por cuatro lumbreras de la medicina?».

¿Para qué insistir? En otras palabras, ¡las lumbreras médicas habrán decretado y Dios Todopoderoso tenía que agachar la cabeza ante la superior sapiencia de cuatro hormigas humanas!

Los pobres ignoraban que ya hacía tiempo que habían decretado la muerte del muchacho enfermo. Antes de consultar a las lumbreras médicas ya iban con la Fe (Temor) de que lo darían por muerto.

La Muerte

«Mas del fruto del árbol de la Ciencia (o del Conocimiento) del Bien y del Mal, no comerás: porque seguro si comieres de él morirás». (Génesis, 2).

Es la primera mención de la muerte en el texto que dejó Moisés. Dios advirtió que la muerte vendría si se comía el **fruto** del árbol del Conocimiento del Bien y del Mal. Primeramente, en La Biblia y en las Metafísicas, «comer» es el símbolo de «pensar». Es decir, cuando se come se apropia la comida, se masca, se traga y se asimila. Lo mismo ocurre cuando se piensa en la forma que describí al principio de este librito: se recibe una idea (comida), se piensa en ella determinadamente (se masca), pasa al Subconsciente (se traga) y se vuelve parte del individuo (se asimila).

El **«fruto»** de este proceso no se debe comer. En el proceso digestivo, sólo a los niños muy pequeñitos se les ocurre comer el excremento. El **fruto** del proceso mental es la manifestación exterior, o sea, las circunstancias y las experiencias producidas por las imágenes que tenemos en el Subconsciente. Esto es el **fruto.**

El «árbol del Conocimiento del Bien y del Mal» no es un árbol que exista en alguna parte; es una figura simbólica que describe exactamente el proceso mental y las leyes que lo gobiernan.

Al tener nosotros el conocimiento de las Leyes de la Creación, expuestas ya en los capítulos anteriores, somos el «árbol» que produce el fruto de ese Conocimiento. Se nos advierte en el texto de Moisés que no «comamos» el fruto que producimos, o sea, que no vayamos a juzgar por lo que vemos producido en el exterior. Que no vayamos a formar conceptos erróneos basados en lo que vemos suceder, porque lo que sucede no es sino el fruto de un conocimiento interior nuestro, bien sea un conocimiento (concepto) basado en el Bien o un conocimiento (concepto) basado en el Mal. De nuevo, que no formemos una opinión basada en lo que vemos, pues esto sería «comer el fruto». Consultemos con el Ser Divino y Él, la Verdad, nos dirigirá siempre en línea recta.

Todo esto explicado por Kant, por ejemplo, es ininteligible para todo el que no sea altamente erudito y aun a los eruditos se les escapa la clave porque están pletóricos de imágenes basadas en conocimientos intelectuales. El conocimiento intelectual es un tirano que no permite el paso, ni permite levantar cabeza, a las ideas espirituales. En La Biblia llaman a la idea espiritual «un niño», porque es pura y no conoce la malicia. El que está lleno de erudición considera esto «cosas de niños».

El último eslabón de la cadena que comienza con el primer pensamiento errado es la muerte. Imagínate una cuerda con un nudo. Imagínate que la cuerda que está a la derecha del nudo es ya el final del rollo, por lo tanto, se ha aflojado y anchado; imagínate que a la izquierda del nudo, la cuerda continúa hasta no vérsele el fin. Imagínate una hormiga parada en el centro del nudo, viendo hacia donde se dirige. Al fin se decide por la cuerda de la derecha, porque ve que es más ancha y más cómoda; a llegar a la punta caerá en el espacio. Si atina a decidirse por la cuerda de la izquierda, a pesar de ser ésta más angosta, se amoldará pronto y continuará firme y segura para siempre. Este es el cuadro de lo que sucede cuando se elige entre pensar negativamente o pensar positivamente. El camino negativo parece cómodo y termina pronto. El camino positivo es *«la puerta pequeña y el camino angosto que lleva a la vida; pocos hay quienes lo encuentran».*

El pecado original es la decisión que se hizo en el nudo; la muerte es inevitable en el camino negativo. Es un resultado natural de esa vía, pero nada nos impide devolvernos; no tenemos que morir, nosotros lo resolvemos. Jesús dijo que la muerte sería el último enemigo que venceríamos; lo prometió.

Los grandes avanzados no mueren, sólo trascienden; Moisés trascendió. Elías trascendió; Jesús no murió. **Las Escrituras Sagradas** no dicen que murió, dicen que «entregó el espíritu» que, en léxico metafísico, significa algo muy diferente. Equivale a proyectar el cuerpo astral (el Alma) fuera del cuerpo físico.

En las operaciones quirúrgicas, los médicos llenan el cuerpo físico con éter o cloroformo u otras sustancias de la misma consistencia del cuerpo astral. Éste se desaloja porque las sustancias análogas ya no le dejan espacio en el cuerpo. Hay centenares, tal vez miles de casos, en que las personas operadas dicen que «estando dormido me vi parado junto a mi cuerpo y he visto todo el proceso de la operación».

El cuerpo astral está sujeto al cuerpo físico por medio de un hilo de la misma sustancia astral; al separarse el cuerpo astral del cuerpo físico, continúan conectados por este hilo que es elástico, pudiendo extenderse a grandes distancias. La Biblia lo llama «el cordón plateado» porque tiene un color grisáceo algo luminoso. A medida que el enfermo operado elimina la sustancia que lo ha puesto inconsciente, el cuerpo astral va ocupando el cuerpo físico otra vez.

El cuerpo astral es el que siente y está consciente; cuando sale del cuerpo físico, éste deja de sentir y de estar consciente. Cuando el ser humano muere es que el cordón se ha partido. Se separan los dos cuerpos y el astral sigue viviendo.

Cuando Jesús exclamó en la cruz: *«¡Eloi! ¡Eloi! lamma sabacthani»,* proyectó su cuerpo astral y no sintió ya nada más. Aparentaba estar muerto o en un profundo desvanecimiento. Su cuerpo astral se reunió con su cuerpo físico después que estaba en el mausoleo facilitado por José Arimatea y cuando las mujeres de Jerusalén fueron a buscar el cuerpo de Jesús, un personaje, que la iglesia llama «un ángel», les hizo la observación: «¿ Y *por qué lo buscáis entre los muertos? Buscadlo entre los vivos*». ¡Más claro no se puede decir que estaba vivo! Después trascendió; pero, para la adulteración hecha en los documentos, convenía poner que había «resucitado», **¡como si un ser de tan altísima frecuencia vibratoria pudiera jamás morir!**

A medida que limpies tu Subconsciencia de las imágenes negativas, se van transformando las células de tu cuerpo, volviéndose positivas, y te va, como quien dice, «devolviendo» hacia la meta de la vida. Cuando hayas terminado de aprender la lección que te corresponde aprender en esta vida que estás viviendo, no morirás en el sentido actual de la palabra. Pasarás al otro plano sin incomodidades, sin haber tenido una enfermedad; simplemente te irás una noche en medio del sueño.

En los «Santos» de la Iglesia Católica, se tiene que admirar la voluntad de perfección que los movía; pero, ignorantes de la «Ciencia del Bien y del Mal», se impusieron torturas espantosas que eran no solamente innecesarias sino que constituían una ofensa imperdonable al cuerpo, el cual no es otra cosa que el Templo del Ser Divino y como tal estamos obligados a cuidarlo y atenderlo.

El grado extremo de fuerza negativa que representan los azotes y torturas voluntarias producen un estado tal de acidez, que el pobre cuerpo no puede soportarlo y rompe en llagas. Por ese motivo fue que tantos «Santos» murieron llagados o en el último estado de la tuberculosis. Y a eso llamaban «servir a Dios».

Mientras mayor número de personas aprenda las Leyes de la Creación, se irán disolviendo las masas obscuras de error que penetran el planeta; se irán acabando las imágenes falsas en el Subconsciente, reconstruyéndose la célula humana y disminuyendo el número de personas que mueren. Será el último enemigo a vencer. Ya comenzó el regreso hacia el camino de la vida; parece ser que en próximo milenio se conocerá universalmente La Verdad.

Einstein adujo que cuando la célula humana se transforme en energía eléctrica, los hombres conocerán cada uno su propia ecuación y podrán desintegrar y reintegrar sus cuerpos a voluntad.

Por lo pronto, cuando el Ser se desprenda de su cuerpo físico en lo que llaman «la muerte» y entre a vivir en el Plano que sigue, lo que más le sorprenderá será constatar que todo lo que piensa se le manifestará frente a sus ojos instantáneamente; pues, no habiendo materia inerte que retarde el proceso, el objeto o la condición aparecerá simultáneamente, al pensarlo. Esto le causará un confusión que podría ser caótica, llevándolo a creer que, en verdad, está en el «Purgatorio» y hasta en el «Infierno», pues el terror le agravará la condición. Pero siempre lo estarán esperando familiares y amigos para guiarlo y explicarle las condiciones del Plano.

La Reencarnación

«¿*Y* por qué no recordamos nada de lo que fuimos en vidas anteriores?», preguntan siempre los estudiantes de la Verdad. ¡Qué bueno que es así! ¡Qué grande es el Amor de Dios y sus Leyes sabias!

Primeramente si yo te preguntara ahora: ¿Qué hiciste tú el martes pasado? A menos que esa fuera una fecha muy marcada para ti, me contestarías: «No recuerdo, tendría que recapacitar». Y perderías el tiempo recapacitando algo tan inútil, superfluo y tan poco provechoso como es traer el pasado al presente. ¿Qué ganarías con revivir esos días pasados? Nada, y probablemente revivirías algo desagradable, porque siempre hay algo desagradable en el pasado.

Tú has sido criminal, preso, mujer de la vida, esclavo, etc. Si pudieras rememorar esas épocas muertas, volverías a sentir todo lo desgraciado que fuiste. Si lograras recordar la época en que fuiste reina o rey, pasarías muy malos ratos atestiguando las injusticias y las torpezas que cometiste; tu alma de hoy no podría soportarlo. Te voy a decir lo que se siente cuando se regresa la mente a un pasado tan remoto. Es como si a ti, acabado de bañar, empolvar y empapar de agua de colonia, te obligaran a meterte en un barrito de inmundicias, en el cual no te pudieras mover para sacar la cabeza y respirar. Si alguna de tus vidas pasadas fue muy espléndida y regalada, al volver a tu estado presente te sentirías muy mal, muy inconforme si notaras que esta vida es inferior a aquélla en ventajas materiales.

La Vida es una escuela y cada vida es un grado más adelantado que el último. Si una vida es plena y la que le sigue es pobre, es porque se desperdició algo o se dejó de aprovechar y hay que rehacerlo de nuevo.

El Amor de Dios no conoce el «Infierno». Nadie se condena eternamente; todo tiene perdón. Todos tenemos una nueva oportunidad *«y hasta setenta veces siete»,* como lo dijo Jesús.

El *«Karma»* es la Ley de Causa y Efecto; la casualidad no existe; todo tiene una causa, toda causa tiene un efecto. Hay Karma bueno y Karma malo, ya los conoces; es la deuda que contraemos por el mal y el «cobro» por el Bien.

El Ser Divino es Señor del Karma. En él no existe Karma. Entonces, ¿es posible borrar un Karma malo? Sí, mirando al Ser Divino; acostumbrándonos a habitar su morada. El Salmo 91 lo dice. Además, al adquirir el ser humano lo que se llama «la conciencia espiritual», que es el estar pendiente de cumplir las Leyes que he expuesto ya, no se está bajo las leyes materiales, se está «bajo la Gracia». Se tiene el derecho de invocar las leyes superiores muchos de los efectos kármicos son disueltos automáticamente por efecto de que el individuo eleva a menudo su pensamiento. Él mismo no se da cuenta de su privilegio, sino cuando compara lo que le ocurre a otros y que le es evitado a él; en ese momento se asombra y se le ocurre que él está protegido por una Presencia invisible.

Las reencarnaciones cesan cuando el individuo ha desarrollado el amor por todos sin distinción. Cuando ya sabe colocarse en el lugar de otro y comprender el motivo que lo impele actuar como actúa. Cuando siente que no tiene nada que perdonar porque lo que quiera que te hayan hecho es simplemente reacción natural de un plano inferior de evolución. Ese individuo ya no tiene nada que aprender y no tiene que regresar a este Plano.

La Meta es el Amor. Los que han sido enemigos en una vida, a menudo nacen madre e hijo, o hermanos, en la próxima vida para obligarlos a amarse. La Naturaleza siempre busca unir por medio del Amor. Curar y reformar por el Amor.

El Salmo 91

El que habita en el retiro del Altísimo, morará
seguro bajo la sombra del Omnipotente.
Yo diré de Jehová: Refugio mío y fortaleza mía.
Mi Dios, en Él confiaré. (Ésta última
es la afirmación que produce las condiciones
que enumera el Salmo).

Porque Él te hará escapar del lazo del cazador
y de la asoladora pestilencia. Con Sus plumas te
cubrirá y debajo de Sus alas te refugiarás;
escudo y adarga es Su Verdad.
No tendrás temor de espanto nocturno ni de
saeta que vuele de día, ni de la pestilencia que
anda en las tinieblas, ni de la mortandad que
hace estragos al mediodía.
(Trata de comprender los símbolos
que encubren estas promesas.)
Caerán a tu lado mil, y diez mil a tu diestra;
pero a ti no te tocará. Tan sólo con tus ojos
mirarás la recompensa de los inicuos,
por cuanto has dicho: Tú, ¡Oh Jehová,
eres mi refugio! (o por haber hecho
de la afirmación tu norma) *y al Altísimo has*
puesto por tu habitación. (Porque en todo
consultas al Ser Divino.)
No te sucederá mal alguno ni plaga tocará en tu
morada, porque dará encargo a sus ángeles
acerca de ti para que te guarden en todos tus
caminos. Sobre las palmas de sus manos
te llevarán para que no tropieces con tu pie
en alguna piedra. (Es decir, para que no tengas
el más leve inconveniente.)

*Pisarás al león y al áspid; hollarás al leoncillo
y la serpiente, por cuanto tiene puesto en mí su
amor, yo también lo libraré.
Le pondré en alto por cuanto ha conocido
mi nombre.* (El «nombre», en el lenguaje bíblico,
es la naturaleza de la Verdad).
*El llamará a mí y yo le responderé. Con él
estaré yo en la angustia, le libraré
y le glorificaré. De larga vida le hartaré
y le mostraré mi salvación.*

La **Ley de Causa y Efecto** es la **Sexta Ley de la Creación.** Todo efecto tiene una causa; toda causa tiene una reacción. La casualidad no existe, la «suerte» no existe.

La Biblia dice: *«El amor cubre una multitud de pecados».* A Magdalena le fueron descontados cantidad de efectos kármicos porque, según Jesús: *«Había amado mucho».*

La **Séptima Ley de la Creación** es el **Principio de Generación,** el cual ya te he explicado. En todo hay el masculino y femenino necesario para crear. Las Leyes todas se entrelazan y éstas vuelven a empatar con el **Principio de Mentalismo** con que comenzamos esta obrita.

La Generación se manifiesta en todos los Planos, en cada uno de una forma más elevada, pero el Principio es el mismo.

El Signo de Acuario

Jesús mencionaba mucho «este mundo» y «el otro mundo». También anunciaba muchos cambios para «el fin del mundo». Una vez le preguntaron los Apóstoles cuándo llegaría ese fin del mundo que él tanto predecía, y Jesús les contestó: *«Cuando veáis al hombre con el jarro de agua».* No sabemos si los Apóstoles comprendieron la alusión, pero para esta generación está clarísima.

Todo el mundo sabe que el Zodíaco establece la precesión de los equinoccios o, en palabras muy baratas, es un círculo en el firmamento estelar compuesto por grupos de estrellas. Cada grupo tiene un nombre. Según la Astrología, cada mes del año está regido por uno de los grupos de las estrellas o Signos del Zodíaco. Son doce Signos, uno para cada mes del año; cada signo es acompañado por lo que llaman «un regente», que determina la naturaleza del signo.

Pero el Zodíaco tiene un significado mucho más profundo. Digamos que por fuera del circulito que cierra los doce meses de un años, hay un círculo mucho, pero mucho más grande. Tan grande que el espacio ocupado por 2160 años aproximadamente (dos mil ciento sesenta) corresponde a un Signo del Zodíaco, o sea, que cada Signo con su regente gobiernan a la humanidad durante dos milenios y pico. Al final de cada una de estas Eras, el Signo que ha imperado comienza a esfumarse o alejarse y, simultáneamente, comienza a hacerse sentir la influencia del próximo Signo y las características del regente nuevo.

Lo que esto implica es que el Signo es como quien dice: «la orden del día» para toda la humanidad durante esos dos milenios y se puede leer perfectamente como sigue: El Signo que acaba de pasar es el de Piscis (los peces). Comenzó a alejarse a fines del siglo pasado, pero durante toda la Era en que actuó, la humanidad se mostró influenciada por el pez. Como base, a Jesús lo llamaban los cristianos «el pez» y adoptaron un dibujo de un pez como clave para indicar en qué lugar se iban a reunir. Ésa era la época de la persecución.

La religión católica, que imperó durante los dos milenios pasados, inconscientemente mostraba la forma del pez en la forma de la mitra del obispo (cabeza de pez con la boca abierta), en la forma gótica de las entradas a las iglesias y en muchas otras características.

El ánimo humano se volvió lacrimoso (agua del mar) y gozaba sufriendo. Las novelas eran dramas conmovedores; imperaba en todo el melodrama. Todo era pesado como el volumen del mar y fue la época de los grandes viajes del mar. El agua tiene dos fases, como todo, y son: Negativa, porque pudre todo lo que esté en contacto con ella demasiado tiempo; y Positiva, porque en ella nace la vida y contiene cantidad de potencialidades. El color de ese Signo era negro, negativo.

Hacia el final de la Era y al aproximarse el Signo de Acuario, en el cual estamos, hubo la reacción que llaman «crisis»; como cuando una enfermedad hace crisis y se agravan todos los síntomas, justamente antes de empezar a mejorar. También fue inventado el submarino, es decir, el barco bajó a las profundidades del mar, acentuándose aún más la semejanza con un pez, hasta en el color plateado.

Al entrar más de lleno la Era de Acuario, que es un Signo aéreo, el submarino crió alas y se convirtió en avión, pero siempre plateado.

El carácter de Acuario es el del jardinero. Representa un hombre con un jarro de agua al hombro. Siempre ayuda a regir el agua, pero en cantidad razonable. El jardinero celeste cultivará su jardín para que las plantas den flores (para que la humanidad se perfeccione). El Signo lleva dos líneas irregulares a los pies del jardinero que significan «corrientes». Corrientes nuevas de pensamiento, corrientes eléctricas, caminos nuevos en el aire, etc. Fue descubierta la electricidad a fines del siglo ya para entrar en el nuevo. Poco a poco fue invadiendo nuestras vidas hasta que vivimos en ella y por ella; junto con ella y rodeados de ella. Estamos abriendo nuevas rutas en el cielo. Ya la electricidad se graduó con el título de «electrónica». El elemento que va a terminar de transformarlo todo en una Era nueva y diferente es el Uranio, llamado como su regente, Urano. Los Signos alternan. Uno es Positivo, el próximo Negativo. Acuario es Positivo.

Para esta Era está predicha la unión de las religiones
con la Ciencia. No habrá una religión que impere como
imperó la católica en la Era pisceana. Todas se unirán
en una sola Verdad.

Cada cambio de Signo trae grandes cambios en el
planeta y en la mente. El nuevo Signo actúa como una
purga que revoluciona todo lo antiguo para dejar limpio
el terreno, acondicionado para la selección que trae el
nuevo Signo.

El color de este Signo es el blanco. Es la Era espiritual y en la historia de la humanidad será la más grandio-
sa que haya imperado. Las señales que estamos viendo,
tan alarmantes, tan perturbadoras no significan sino que
Urano, llamado «el destructor», está efectuando su limpieza a mano armada. La destrucción es muy buena
cuando rompe todo lo malo y viejo para dejarle el puesto a lo nuevo y bello. Eso es lo que está haciendo Urano.
¡Bendito sea!

La Era de los patriarcas bíblicos se distinguió por el
pastoreo. Era el Signo Aries, la cabra. La Era de los egipcios, el Signo Taurus, estaba influenciada por el toro.
Eran criadores de ganado y adoraban al toro.

En esta nueva Era no habrá más dirigentes máxi-
mos. Desaparecerán los Papas, los Gurúes, los Impera-
tors, los Grandes Maestros, etc. Cada cual regará su
propio jardín dirigido por el Ser Divino, el Mesías, el
Cristo o Ungido.

Advertencia

Coloca este librito en lugar muy visible. No creas que con una sola leída vas a poder absorber todo lo que contiene. Vuélvelo a comenzar al terminarlo y verás que lo encuentras nuevo, más lógico y más interesante. Esto te sucederá cada vez que lo vuelvas a releer, porque la Verdad es una fuerza vital que remueve células dormidas.

A pesar de que vas a tener demostraciones, al parecer milagrosas, apenas comiences a poner en práctica las Leyes que aquí aprenderás; a pesar de que tu entusiasmo te llevará a querer compartir con otros tus nuevos conocimientos, no trates de convencer a nadie de que aprenda la Verdad. Si lo haces, encontrarás que aquéllos que tú creías más preparados para recibirla son los que menos simpatizan contigo. Es que «Cuando el discípulo está preparado aparece el Maestro», dice una máxima ocultista. Enseña con amor a todo el que te pida consejo. Sabrás lo que debes decir si le pides al Ser Divino que hable por ti.

«Nobleza obliga», dice la máxima, y el que aprende las Leyes superiores está más obligado a emplearlas con toda corrección que aquel que las ignora. No trates jamás de aventajarte en perjuicio de otros por el hecho de conocerlas. Aquel que se cree autorizado para aprovechar su conocimiento a expensas de un tercero, o que se considere dispensado de cumplir las reglas comunes de las buenas costumbres por el hecho de poseer conocimientos superiores, incurre en los castigos, a veces severísimos, que trae el tratar de burlar las Leyes.

El metafísico es mejor inquilino, mejor amigo, mejor padre, mejor gobernante, mejor ciudadano, mejor prójimo, mejor hijo, mejor deudor, mejor patrón y mejor empleado que los demás que no son metafísicos, por el mismo hecho de conocer las Leyes inmutables y sus efectos.

Un Tesoro Más Para Ti

Colección Metafísica
CONNY MÉNDEZ
(1898-1979)

EDICIONES GILUZ
BIENES LACÓNICA, C.A.
DISTRIBUIDORA GILAVIL, C.A.

Hemos recopilado esta serie de cartas, clases,
conferencias y mensajes, que al publicarlas sea …
un reencuentro con Conny Méndez y …

¡Un Tesoro Más Para Ti!

JULIETA VELUTINI MÉNDEZ DE GIL

La Hermandad
de Saint Germain

*R*evisando los archivos dejados por nuestra siempre recordada fundadora **Conny Méndez**, deseamos aclarar, para conocimiento del estudiantado, la verdadera historia del nombre de la **Hermandad**.

El día 15 de abril de 1970, Conny, reunida con el grupo de alumnas que ella venía preparando para que fueran **Guías** o **Instructoras** de las enseñanzas que ella tan valerosamente trajo para el mundo de habla hispana, acordaron darle forma organizada a todo el engranaje que se había ido formando a su alrededor y decidió registrarlo legalmente bajo el nombre de «**Asociación Saint Germain**».

La mayoría de las asistentes manifestó que le gustaba más el nombre de «**Hermandad Saint Germain**» en lugar de **Asociación**, a lo cual **Conny** replicó:

«No; déjenlo así, pues el nombre de **Hermandad** podrá producir confusión con otras **Hermandades** pertenecientes a otras religiones o grupos de carácter espiritual que existen en gran número, funcionando en todas partes. Legalicémosle con el nombre de **Asociación** y si tanto les gusta el nombre de **Hermandad**, usemos ese nombre en la práctica y de este modo quedará registrado en el Plano Etérico». Así se hizo, de ahí que, tanto en nuestros libros de texto, revistas como en otras publicaciones, aparezcamos usando el nombre de «**Hermandad Saint Germain**», cuando en realidad legalmente registrado fue «**Asociación Saint Germain**»

Este Registro Legal se hizo con fecha 30 de mayo de 1970 y tiene una duración de 20 años, o sea, que estará vigente hasta el 30 de mayo de 1990.

Por tanto, la «**Hermandad Saint Germain**» nunca fue registrada por **Conny**. Posteriormente, fundó la «**Gran Hermandad Saint Germain**», poco antes de su paso a otro plano de vida, pero a poco de fundada quiso anularla, así como a la revista **La Unidad**, de la cual sólo salieron 2 números, ya que ella pasó una circular entre las **Guías**, de la cual conservamos un original, retirándole su respaldo a dicha publicación. No le alcanzó el tiempo de su vida para firmar el documento mediante el cual el registro de la **Gran Hermandad** iba a ser anulado, de lo cual puede dar fe el Asesor Jurídico de la **Asociación** para aquella época, ya que él redactó el Acta de anulación y cuando la presentó para firmar, Conny se encontraba ausente en Miami a donde había ido a pasar el fin de año con su Familia. Allí murió sorpresivamente de un paro cardíaco, de muerte natural, casi sin agonía, como correspondía a un espíritu evolucionado, como era el de ella. Después de recibir los oficios de la Iglesia Católica, a la cual perteneció por nacimiento y a la cual pertenecen todavía hoy todos sus descendientes, su cuerpo fue incinerado, tal como lo había ella dejado dispuesto; sus cenizas fueron traídas a Venezuela, su patria, e inhumadas en el Cementerio General del Sur, en el panteón familiar.

Las enseñanzas que dejó han sido dispuestas por los Ascendidos Maestros de la Sabiduría, pertenecientes a la **Fraternidad Blanca**, y han ido extendiéndose por todos los países de habla hispana en una forma paulatina, natural, segura, incontenible, sin que se hayan hecho alharacas de propaganda ya que el **Plan Divino**, a pesar de los adversarios y de las apariencias en contrario, tiene que cumplirse, como lo afirmaba ella y así está sucediendo.

Para los Metafísicos...
Y también para los que no lo son

*T*ú sabes que desde mucho tiempo nos vienen lloviendo «mensajes» proféticos, destructivos, que tienen por único objeto aterrorizar con sus anuncios de cataclismos inminentes, ya que no ofrecen explicaciones, ni alternativas, ni solución, ni consuelo.

Primeramente, hermanitas y hermanitos míos, no tenemos necesidad alguna de que se nos repita lo que está estipulado en los capítulos 24 y 25 del *Evangelio de San Mateo,* tan conocido por todas las religiones del Planeta; y como allí se nos ofrecen alternativas y consuelo, te recomiendo que los releas y los medites leyendo entre líneas, recordando lo que enseñó el Divino Maestro Jesús, alertando contra «la letra que mata» y «el Espíritu que da Vida». Esto significa, textualmente, que no se deben tomar como artículo de fe las imágenes de espanto y horror que abundan en la Biblia, sino que se debe interpretar el símbolo detrás de la imagen; pero como de esto voy a tratar más extensamente, por ahora quiero recordarte lo que se te ha enseñado desde el Primer Capítulo del Librito Número Uno, a saber, que si te empeñas en oír, leer, creer, aceptar el contenido de tales «mensajes», esperando y temiendo encontrarte en terremotos y cataclismos, esto te ocurrirá sin lugar a dudas, porque la **Ley de Correspondencia,** Ley Espiritual inmutable, dice: «**como es arriba** (en tu mente) **es abajo** (en tu materia)», y ya tú sabes que la Ley no falla.

Ahora bien, como no fuimos criados para ser exterminados sino para que aprendiéramos a ser dioses *(Evangelio de San Juan,* capítulo 10, versículo 34), comienza YA a comprobarte a ti mismo tu Divinidad Interior y tu inmenso poder, trayendo a tu recuerdo la Gran Presencia que hay en ti, en todos y en todas partes, ya que **Ella** es la Luz en el Centro del Átomo. Y luego afirma: «**No acepto decretos destructivos ni para mí, ni para mis seres queridos. Amada presencia asume el mando**».

Después, quédate en paz, porque habrás hecho lo más grande que se puede hacer en el Planeta Tierra, o sea, sumarte a la Voluntad Divina, que es el Bien y el Amor. De inmediato vas a comprobar tu enorme poderío. No les ocurrirá nada a los nombrados. Pero dependiendo de lo que significa para ti esa expresión, «**mis seres queridos**», así será tu manifestación, pues sabemos quienes consideramos a toda la humanidad como seres queridos nuestros, y nuestro decreto afirma **que no queremos que les suceda nada a nuestros seres queridos**. Vas a comprobar otra Ley que es: «Uno con Dios es la Mayoría». El Divino Maestro Jesús dijo: «Dos o más reunidos en mi nombre» lo cual representa la totalidad. Por lo tanto, verás la repetición de lo ocurrido en el año pasado, el día 6 de abril de 1974, en que se alejó el cometa Kohutek que venía a destruir la Tierra.

Te recuerdo otra cosa: Las mentes humanas son como coladores. Sí. Contienen espacios por donde se filtra la luz de un mensaje espiritual, pero también contienen residuos de muchos «alimentos» que ensucian y contaminan esa luz, haciéndola irreconocible. El **Yo Superior** presenta la verdad en forma de símbolos porque ¿en cuál otra forma se puede representar una idea? Te la presenta como una construcción y si esta construcción es defectuosa, te está causando innumerables malestares y manifestaciones negativas. Para anunciarte la dicha de que ya se te van a corregir esas construcciones, ideas o conceptos errados ¿cómo te pueden presentar esa transmutación? Pues demoliendo las construcciones, ¿no es así? Las personas clarividentes son las más propensas a confundir los símbolos porque los ven con gran claridad; lo malo es que los interpretan de acuerdo con los residuos que yacen en su colador mental y ellas son las que lanzan los «mensajes».

Ya tú «conoces la Verdad», no vuelvas a alarmarte con los anuncios de cataclismos. En vez de ayudar a traer la destrucción, ayuda tú en la transformación de la Nueva Era en la que ha de surgir «El Nuevo Cielo y La Nueva Tierra». No comentes lo negativo, no repitas los «mensajes» recuerda la verdad. Haz la infalible afirmación-decreto y ponte en paz, porque es solamente en ella que puede manifestarse la unidad, la armonía y la abundancia para todos. Recuerda que tu pensamiento lle-

ga a los confines del planeta. ¡En tres segundos! Y si acaso dudas de esto, te recordaré también que el teletipo,
creación humana, contacta a cualquier punto de la tierra
en tres minutos. Nada de extraño tiene, pues, que el pensamiento, creación Divina, contacte con su objetivo en
tres segundos.

Ahora vamos a lo que te ofrecí esclarecer y comprobar más extensamente: Para leer entre líneas a San Mateo, donde dice, por ejemplo: «**Cuando viereis la
abominable desolación… aquel que está en el tejado
que no baje a tomar nada de su casa y el que está en
el campo no vuelva atrás en busca del manto…**», no
hay que creer que esto se refiere a los que se encuentran
realmente en la azotea de un edificio, ni a los que se ocupan de sembradíos. Simplemente, te recuerda conservar
tu mente en la presencia de Dios y que no pongas tu confianza en las protecciones materiales ya que, no importa
donde te encuentres, la Amada Presencia está contigo y,
si lo recuerdas, no peligras.

Con respecto a las amenazas de guerra, vamos a suponer que tú tienes un sentimiento de desagrado contra
alguien, llamémoslo tu «enemigo». Ese sentimiento no te
deja pasar las manifestaciones que crees merecer porque
las sabes pedir. Las Escrituras Sagradas dicen que si vas
a orar y te acuerdas que tu hermano tiene algo contra ti,
que dejes tu oración en suspenso mientras vas a conten-
tar a tu hermano. Esto no significa que debas ir a darle un

abrazo a tu enemigo, sino que simplemente lo visualices y le digas a su imagen mental: «**Deseo amarte. Quiero quererte. Ayúdame a quererte**». Esto actúa instantáneamente. Este pensamiento le llega en tres segundos y vas a comprobar de inmediato cómo comienza a eliminarse la amargura y el desagrado entre ambos. Esto es lo que extermina la guerra, lo que siembra la paz y es el famoso **amaos los unos a los otros**. No me lo creas, compruébalo y enséñalo.

Dios es la Paz

Ustedes saben ya que al pensar en Dios, al pensar en algo espiritual, en el Cristo en nosotras o en Dios en nosotras, ya hemos polarizado el pensamiento y lo hemos polarizado en lo más alto. De manera que en cuanto tenemos un tropiezo, una evidencia de enfermedad, un accidente, un desagrado, o que nos encontremos diciendo o haciendo algo negativo o destructivo, debemos memorizar la presencia de Dios en nosotras primeramente; el hecho preciso de reconocer la falta en nosotras equivale a la confesión católica y, por lo tanto, el error (que los católicos llamamos «pecado») ya está perdonado. Ustedes saben que la penitencia que da el Sacerdote es una oración ¿Qué hacemos cuando elevamos la mente al espíritu y hacemos un tratamiento? Pues estamos haciendo una oración. Y las que ya conocemos la práctica de reconocer un error, sea en nosotras o en otra persona, negar ese error, afirmar la verdad **que es Dios**, nos conectamos directamente con Él. Cada vez que una se conecta directamente con Dios es invariable que se siente un gran alivio ¿Qué significa esto? Que Dios mismo ha perdonado y ha borrado hasta los efectos de aquel pecado. Porque donde nosotras coloquemos a Dios, Él inmediatamente ordena y perfecciona en su creación. No puede existir imperfección donde esté Dios. Donde nosotras sintamos a Dios, estamos sintiendo Su Perfección. La única forma de hacer contacto y conexión con Dios es mentalmente. Pensando en Él; no hay otra forma.

Como Dios es Amor, al pensar en Él estamos pensando Amor. ¿Se han dado cuenta de esto? No podemos pensar en Dios sin pensar Amor. Es decir, que estamos amando a Dios cuando pensamos, aunque no sea sino en la palabra «Dios», y la Biblia dice: «El Amor es el cumplimiento de la Ley», esto quiere decir **toda la Ley**, o sea, todas las Leyes. Estamos «en Ley» cuando estamos en Amor, pensando Amor, pensando en Dios y cuando nosotras, estudiantes de la Verdad Metafísica, estamos tratando de cumplir las Leyes de Dios, tratando de elevamos, tratando de comprender, o sea, buscando con todas nuestras fuerzas, con todo nuestro corazón y sentidos, tenemos derecho a la paz perfecta de nuestras mentes y almas. Estamos con Dios. Estamos en Amor. Mejor voluntad no se puede expresar que la que nosotras estamos expresando en este momento, ustedes oyendo esta charla, yo dictándoselas. Y Jesús dijo: «Paz en la Tierra a los hombres de buena voluntad».

La Paz es el Don más grande de Dios. Emmet Fox dice que cuando nuestras almas están en paz, nada puede descomponerse y todo lo podemos. No se formen una figura de la Paz en la mente. La Paz no es estar pasivas e inactivas. Se puede estar en plena y febril actividad y estar en perfecta paz. Es el alma, el corazón, los sentimientos, el estar contentos, interesados en la tarea a la mano, estar en paz. Estar así es la felicidad. No se necesita mayor cosa para estar feliz. Se necesita la paz y nada más. Es importantísimo, pues, conservarse en paz, aprender a estar en paz, conocer lo que es la paz y valorizar todo para saber cuáles son las cosas que no merecen la pena ni decir, ni pensar, ni hacer, ni obtener, porque nos quitan nuestra paz, ya que la paz es lo único que vale la pena, ya lo hemos visto: **La paz es la felicidad**.

Si se está molesto, no importa, qué especie de molestia, bien sea molesto en nuestro ánimo como en nuestro cuerpo, no se está en paz. Y se está infeliz, ¿no es así? Cuando tenemos carencia de dinero, carencia de cosas necesarias para la vida (soledad es carencia de compañía), angustia por nuestros seres queridos, temor o aprensión por el futuro, todo es falta de paz. Todas estas cosas nos quitan nuestra paz. Podríamos ahora comenzar a detallar **de nuevo** las formas de ir curando todas esas condiciones que he mencionado, pero ya ustedes saben cómo actuar en cada una de ellas. Y si no se acuerdan es que tienen que repasar las lecciones que tienen archivadas o engavetadas, porque todas estas condiciones están cubiertas en mis dos libros de texto y en las clases que se les han dado. Ustedes saben también que la Verdad que se tiene si no se usa o no se aplica de nada sirve. Es más, es grave. Poseerla y no usarla es el pecado de omisión ¿Cuántos hay que anhelan una fórmula para quitarse de encima toda la opresión que los mata y aquél a quien se le ha dado la desperdicia?

A esto último se le puede aplicar un adagio muy popular que dice: «Ni lava ni presta la batea». Es egoísmo y desperdicio de la peor especie. De manera que no comenzaremos de nuevo a enseñar lo que ya se sabe. Lo que sí haremos es recalcar el supremo remedio. La fórmula más alta para obtener todo lo que nos sea menester en cualquier momento y, sobre todo, la única manera de obtener nuestra paz instantánea y toda la luz que necesitemos es dirigirnos a nuestro Yo perfecto. A nuestro Cristo Interior. A la Presencia de Dios. Acuérdense que donde reconocemos la Presencia de Dios, Ella comienza a poner orden en Su Creación. Comienza de inmediato a perfeccionar lo que está **manifestando** imperfección. Porque lo que estemos viendo que parezca imperfecto, aunque sí tenga forma y bulto, **no tiene sustancia real**. Se puede deshacer porque está basado en una mentira. Lo que esté basado en la Verdad es eterno y no se puede desbaratar. Pero la mentira se esfuma al confrontarla con la Verdad, así es que por sus frutos los conoceréis. ¿Te encuentras frente a algo que te perturba, que parece muy real? Prueba diciéndole: «Tú no tienes substancia, eres mentira, la Presencia de Dios está en ti porque Dios es la única Presencia y el único Poder». Como todo contiene la energía divina, al invocarla, mencionando la Presencia de Dios, la forma o figura ficticia se borra, se esfuma, deja ver la Verdad pura.

Este párrafo que acabo de decir es la gran fórmula. Es amor y lealtad a Dios. Estúdienlo, medítenlo mucho, pónganlo en práctica y verán el adelanto rapidísimo.

La Ley de la Armonía

*É*sta es la explicación mecánica de la Ley de la Armonía, mucho de lo cual ustedes conocen, pero mucho de lo cual es nuevo. Ustedes saben que cada electrón en el Universo está en movimiento. A pesar que una piedra o un árbol o un mueble parecen estar estáticos, cada átomo y cada electrón de los que integran esos átomos tienen en sus centros una luz. Esta luz es la Llama Triple de ese foco de vida y está vibrando. El número de pulsaciones por segundo es lo que determina la rata vibratoria de cualquier cosa. La acción vibratoria muy lenta es lo que hace aparentar que una cosa sea estática, pero con los instrumentos modernos vemos un objeto tan amplificado que se puede ver su movimiento constante, fluctuando y emitiendo rayos de ondas luminosas, que es lo que llamamos radiación.

En un individuo, la acción vibratoria está determinada por su proceso mental y sensorio. Ésta forma pulsaciones de energía, o sea, rayos de luz, que atraviesan los cuerpos inferiores y que contienen un patrón que debe ser seguido o copiado por los electrones en su expresión individual.

La conciencia imperfecta es lo que hace que un patrón imperfecto produzca vibraciones muy lentas. Los electrones son obedientes. Ésa es su característica principal y tratan de adaptarse al patrón que se les impone; por

lo tanto, la rata vibratoria de la persona es tan lenta que
lo sitúa poco más o menos al nivel del animal.

El estudiante consciente llega a un punto en que tiene que, imprescindiblemente, dirigir conscientemente el
volumen y el movimiento de sus emociones, o sea, el patrón de energía para sus electrones obedientes, con tal
precisión como regula el dial de su radio, el termostato
de su aire acondicionado, de su horno o de su nevera.

Generalmente, el hombre cuando se despierta por la
mañana recorre el cuadro normal de su día. Recuerda todo
lo que tiene que hacer y lo recuerda con variedad de emociones: de apuro, de ira, de impaciencia, de sentimentalis-
mo; la madre siente y vibra emotivamente con todos los
problemas de los hijos; el hombre de negocios con todos
los problemas de su empresa. Cada uno con su propio patrón y, desde ese mismo momento, comienza un patrón de
emociones violentas, de cambios convulsivos, todos incon-
trolados, incesantes, instantáneos. Para regular la tempera-
tura de su oficina o de su dormitorio, el hombre ajusta con
sumo cuidado el termostato para que le produzca un clima
agradable, cómodo, igual y sabroso, ni demasiado frío ni
demasiado caluroso. Pero en el clima de su vida toda, prefiere gobernarla de acuerdo con el incentivo de cada momento o la provocación de cada cosa que vaya llegando.

Los electrones no pueden adaptarse a este capricho.
Lo que se les impone son impulsos electrónicos y el desorden es espantoso. Se descontrolan todos los sistemas del

organismo y de la vida entera del individuo. Sean el sistema económico, el de la salud, propia o de los seres más allegados, el del orden mental, el del carácter o humor propio y de los hijos, el comportamiento del servicio, de los compañeros de trabajo, de las amistades, de los empleados, del carro, de los teléfonos, de todas las dependencias. Todos son sistemas que dependen de nuestros patrones electrónicos y que gobiernan nuestras vidas y nuestros mundos. Son patrones de vibraciones que cada uno lanza e impone a su propio sistema de electrones. Para poder computar un porcentaje, una suma de valores, un nivel general o, como se dice hoy, «un average» de un patrón totalmente desordenado, caprichoso, fluctuante hasta la exageración, imposible de seguir ni de catalogar, la maquinaria electrónica de nuestro mundo individual, o sea, nuestra corriente de vida, trabajando con grandes desventajas, se hace muy lenta, muy retardada. El individuo, en su próxima vida, será un retardado.

El hombre es superior al animal porque dispone de raciocinio, inteligencia y libre albedrío para manejar sus sentimientos, pensamientos y emociones. Ésas son las tres dimensiones en que vive. Pero si él no aprovecha estas tres dimensiones, ni las domina ni las gobierna, éstas lo dominan a él. Es como si no las poseyera. Entonces se coloca en un nivel inferior. El del animal.

Primeramente, hay que saber que esta energía, que nos viene por toneladas, baja por el cordón de plata directamente del «**Yo Soy**». Es un regalo constante y eterno de nuestro Dios. Él no nos la mide. Es nuestra prerrogativa usarla, economizarla, graduarla, dirigirla, controlarla y hacer el mejor uso de ella.

En el comienzo de la vida así lo hacíamos con toda la sabiduría de nuestro cuerpo mental superior. En la caída del hombre se ha ido entorpeciendo más y más hasta que ya tenemos que volver a hacerlo todo de nuevo y regresar a la casa del Padre por el sudor de nuestra frente.

Antiguamente, los estudiantes del Sendero Espiritual tenían que ingresar en los Templos Iniciáticos para aprender y practicar con problemas fingidos, porque la vida era primitiva y sin las oportunidades que hay hoy. Pero, luego, los templos tuvieron que elevarse al Plano Etérico, no podían soportar las horrendas vibraciones terrenas y la tierra precisamente es la escuela iniciática ideal para ascender lo más rápidamente posible, ya que cada momento nos ofrece una lección, una práctica y una oportunidad para dominar, superar y purificarnos. Es fácil determinar el nivel en que se encuentran ustedes. Las que tienen que trabajar para ganarse la vida, las que tienen esposo e hijos, las que tienen problemas de salud, sentimentales, de carácter indomable, en fin, que **por sus frutos los conocereis**.

Por eso todo el mundo tiene que pasar por el dominio de ese mandato loco que le están dando a sus electrones. Dándose cuenta de la cantidad y la diferencia de emociones que pasan en una sola hora, pueden juzgar de la cantidad de veces que esos pobres electrones, cuyo sello es la obediencia, habrán tenido que cambiar de velocidad y de cualidad de radiación durante el día. Comprenderán que es casi imposible un progreso permanente. La persona tiene que poner conscientemente un cese al despilfarro y comenzar a educar su auto-control paso a paso a través de las experiencias del día, a pesar de las provocaciones ajenas y, precisamente, aprovechando esas provocaciones que ofrecen las tremenduras infantiles y los defectos de los adultos, que nos caen tan «gordos» como dicen en México.

¿Y cómo se le impone exactamente un patrón a los electrones? Vamos a ver. La esencia de vida, o energía, que baja de la Presencia «**Yo Soy**» al corazón humano, a través del cordón de plata, enciende la Llama Triple. La Inmortal y la Victoriosa Llama Triple. Ésta es Inteligencia Directiva. Corresponde a lo que conocemos como Cuerpo Mental Superior a través del cual funciona la Presencia «**Yo Soy**» a quien Ésta da sus órdenes. Es nuestro Quinto Cuerpo. También la conocemos como el «Ropaje del Cristo». El Sexto Cuerpo o Vehículo es el Cuerpo Causal y el Séptimo es el «**Yo Soy**». A medida que la recordamos, la usamos y la ampliamos. Ella se va agrandando hasta que toma una figura «a igual y semejanza de Dios», o sea, de nuestra Presencia «**Yo Soy**», y entonces se graba en la figura nuestra. Es la Conciencia Crística. Es el Cristo.

Cada grupo espiritual tiene su diccionario particular y a nosotros nos corresponde ir reconociendo nuestras imágenes en las de los demás. En el Puente llaman a este Cristo Interior, que nosotros tanto amamos y usamos, «**El Hombre de oro**». Todo esto se funde en **uno** en el momento de la Ascensión.

Cuando nos damos cuenta de que nuestro «patrón» tiene que ser constante para que podamos adelantar, y que no nos podemos dejar dominar por ataques de furia, de llanto, de impaciencia, sino que tenemos que poner en práctica todo lo que nos ayude a dominar el impulso, porque ya no podemos permitirnos un solo pensamiento o sentimiento que no sea cónsono con la Verdad, el Amor, la Paz, el Equilibrio, la Armonía y la Belleza, ya que éstos actúan como un Director de Orquesta, que impone lo que ve en la partitura. Nuestra partitura es el patrón que los electrones (nuestros músicos) van a seguir.

Recuerden: Nuestro patrón es un rayo de luz en constante movimiento, vibrando a una rata de acuerdo con lo que pensamos y sentimos.

El Amado Eolo dice: El conocimiento de esta Ley de Armonía es un seguro contra el desastre. Contra las apariencias exteriores de imperfección en el mundo individual. Es la responsabilidad de cada uno el mantener un fluir armonioso de la energía que nos regala el Padre, por encima de todos los disturbios exteriores y las provocaciones que recibamos todos los días.

Los humanos cuidan sus posesiones materiales con gran atención, esmero y vigor; y, sin embargo, la más preciosa y valiosa de todas, la Armonía, permiten que sea destrozada a cada rato y por el más leve pretexto. O sea, en cuanto se tropieza con una acción negativa por parte de otros, o una palabra fuerte, o una noticia del exterior, o una condición molesta trivial como, por ejemplo, el de andar en una «cola» o encontrar un número de teléfono ocupado.

El Dios de la Armonía, el Amado La Moray, quien tiene su foco encima de la Isla de Madagascar, recomienda que al despertar, y antes de poner los pies en el suelo, se piense en la Llama Triple del Cuerpo Físico, luego se visualiza la Llamita no Alimentada de cada uno de los otros tres vehículos (emocional, mental y etérico) pensándolos como tres estrellitas brillantes y luego, de pronto, ampliándolas hasta reunirse con la Gran Llama Triple que ya hemos visualizado. De esta manera estaremos alimentando las tres Llamas Triples a las cuales jamás les hemos prestado atención. Una vez hecho esto, ponemos los pies en el suelo y dirigiéndonos al **Hombre de oro** o Cristo, lo ampliamos también, visualizándolo en nuestro corazón. Después podemos pensar en alguna virtud que deseamos desarrollar o en algo que deseamos enviar a algún familiar o hermano necesitado. Se le pide al **Hombre de oro** que actúe a través de estas Llamas Triples, pues es mucho más efectivo activar las tres Llamas antes de invocarlo, ya que sin alimentar nuestras

Llamas Triples estaríamos esperando que Él las ampliara y es trabajo nuestro el alimentar nuestros frutos. Después se le puede pedir a cualquier Entidad su Ayuda.

Lo que sucede es que los electrones se mueven con gran rapidez y expulsan las discordias que se encuentran en las entretelas. Todo dolor o molestia es una acumulación de discordia que los electrones no tienen suficiente impulso para desalojarla y expulsarla. Cuando se invoca a la Llama Violeta a que pase por un órgano, la acción vibratoria de los electrones se acelera de inmediato y la Llama Violeta disuelve la acumulación.

Después de pensar en tu Llama Triple, de activar las otras tres partes y seleccionar la virtud que tú quieras que actúe durante las próximas venticuatro horas, pídele al **Hombre de oro** que regule los electrones de los cuatro vehículos inferiores, ampliado por el Ascendido Maestro, Director de la virtud que deseas.

Dice La Moray que te asombrará el adelanto que verás a la semana y mayor adelanto al mes de efectuar esta práctica. También dice que verás que lo que antes te irritaba ahora se deshizo. Que sentirás tus nervios tranquilos, estabilizados y que, como toma un poquito de tiempo movilizar los electrones acostumbrados a no moverse, que lo invoquen a Él (**La Moray**) y Él le dará su asistencia al **hombre de oro** también.

Sobre los problemas de nuestra Era

Muchos siglos antes de terminar una **Era**, los Adeptos, que son designados para trabajar en la **Era** que ha de entrar, tienen que hacer grandes estudios y programaciones; sus tareas son gigantescas

Primeramente, tienen que tomar en cuenta que una **Era** es siempre positiva y la otra negativa. Esto trae automáticamente un conflicto de intereses, de gustos, de tendencias, etc. Este conflicto, aunque es natural, tiene que ser aminorado, suavizado y contemporizado. El gran amor de los Maestros y Seres de Luz está siempre atento para evitar roces y choques entre las costumbres de la **Era** que sale y la **Era** que entra. Por ejemplo: en la **Era** pasada (PISCIS), **Era** negativa, mística, emocional, la tendencia era de retirada a conventos y monasterios para poder entrar en contemplación. Todo en esa **Era** ayudaba al místico, al santo. La India desarrolló su sistema de **Yoga** meditativa, la vida solitaria introspectiva. No solamente es un sendero auténtico, sino que el haber logrado la unión con el **Íntimo (Yo Superior, Maestro Interno)** era y es la meta de todo sendero espiritual. Es un triunfo que no puede ser desbaratado por ninguna tendencia más moderna. En cambio la **Era de Acuario** es extrovertida; la tendencia es a internacionalizarlo todo; la orden es de trabajar por los demás, de unificar en actividades públicas y hacer por la comunidad. Los Maestros no pueden permitir que se les hiera y maltrate a los que tanto lograron por medio de la contemplación interna, pero los «**Hippies**» están en su derecho de provocar toda la destrucción que puedan con respecto al orden antiguo, ya que éstos están impulsados por **Urano**, el Regente de **Acuario**, como veremos luego.

Los Adeptos que manejan las Fuerzas Espirituales de la **Nueva Era** tienen, pues, la tarea dificultosa de anticipar el futuro; de impedir que se anule la obra de Hermanos Adeptos de la **Era** Anterior; de tratar de proteger a la mayoría conservadora aún apegada a las viejas costumbres religiosas; y de entendérselas con las fuerzas negativas, espinosas, que aprovechan todo cambio para causar disturbios ilegítimos.

Urano, como Regente que es, es el Señor de la casa de **Acuario**.

Acuario es sólo el Signo que entra. No es un planeta.

Urano es el planeta Regente, que tiene vibraciones propias y que influencian todo en la **Tierra**.

El Signo que sale se lleva sus corrientes. El que entra, trae las suyas, y éstas están en conflicto. Mientras la casa se limpia de las corrientes antiguas y se instalan las corrientes nuevas, hay siempre una gran revolución. Por bien, jamás por mal.

Urano es un foco vibratorio fortísimo. Aunque se encuentra tan lejos de la **Tierra**, la dominan sus vibraciones, hasta el punto de que se le llama «**El Destructor**». En realidad es un Renovador. Es el que pone el equilibrio en **Acuario**, pero todavía lo vemos como un monstruo. Fíjense: su influencia aumenta fuertemente la Química, la Ciencia, lo magnánimo, lo maravilloso, lo excéntrico. Por eso, alborota desmedidamente la Ciencia Ficción, la producción científica de criaturas, monstruos, todo lo raro, inesperado, extraño, la brujería, la magia, la Nigromancia. Es fuertemente masculino que parece odiar a la mujer y pone la interferencia en el patrimonio que lo destruye. No hay felicidad doméstica bajo **Urano**.

El planeta **Neptuno** es el opuesto de **Urano** y estas dos influencias contrarias se encuentran ahora en conflicto directo.

Urano es mental, aéreo; **Neptuno** es acuático, sentimental.

Los dos sexos, en lugar de encontrar su complemento uno en el otro, se encuentran frustrados y se internan en el propio ser buscando la unión, la boda mística. Esto es para que el «ego» se liberte de deseos personales para el futuro.

Como los **Uranianos** son andróginos, producen el individualismo. En los planos bajos esta influencia produce la homosexualidad, lo cual explica por qué hay tal aumento de esta condición en esta **Era**. El conflicto en que los «egos» sienten el impulso de buscarse a sí mismos, pero la costumbre (o la imagen implantada) de buscar el Amado o la Amada afuera, los hace caer en el error de tratar de encontrar tal unión en alguien del mismo género, exteriormente.

Todo esto se corregirá, se tranquilizará, se normalizará, andando la **Era**, ya que una **Era** entera no es sino la amplificación de un mes terreno, en la forma siguiente: Ustedes saben que los meses los dividen los astrólogos en tres partes llamadas Decanatos. Cada Decanato contiene diez días, o sea, que el 21 de este presente mes es el comienzo de un signo, hasta el 1 del mes próximo. Éste es el primer Decanato. Ese día del mes marca la entrada del segundo Decanato que dura hasta el día once (11). Este día once marca la entrada del tercer Decanato que dura hasta el día 21, en cuya fecha cambia el Signo.

Hay quienes afirman que las fechas son: 20 - 30 -10. Otros aseguran que son: 22 - 2 - 12. Nadie puede asegurarlo porque son épocas cósmicas y en el Cosmos no hay tiempo.

Bien, como es arriba es abajo y viceversa. La **Era** tiene su primer Decanato que dura 700 años. Luego sus otros dos Decanatos de 700 años cada uno; los tres sumando 2.100 años, que es la exacta duración de una **Era**, mientras entra o sale la otra.

Los primeros 700 años, o sea, hasta el año dos mil seiscientos cincuenta y pico, estará la **Tierra** gobernada por el **renovador Urano**, para transformarle a los humanos el centro físico-etérico, o sea, el orden de vitalización, que será diferente a todos los anteriores, ya que siendo **Urano** una influencia mental, desarrollará la Voluntad para que cada humano logre controlar el Subconsciente sin necesidad de apelar a un psiquiatra o psicoanalista, limpiándolo y purificándolo él mismo.

Es significativo que **Urano** es de color **Violeta**, y que también estos primeros 700 años están bajo la dirección del **Primer Rayo Azul**.

Urano renovará ese centro de Vitalización, que hasta ahora se ha llamado «El despertar de Kundalini». Parece ser que en esta **Era** el Centro está en el Corazón y se llama «**El Cristo**».

En la generalidad, se espera este despertar al final del primer Decanato. En los Metafísicos está ahora. Por eso se dice que los Metafísicos llevan un adelanto de mil años por encima del planeta **Tierra**.

Voluntad

*P*arece ser que lo más importante en la vida de un individuo, y de todo individuo, es la **voluntad**. No me refiero a
la fuerza de voluntad, ni a la persistencia, tampoco a ese
gesto que se hace cuando se dice con violencia: «Esto es así
porque **Yo quiero**». No. Ni tampoco me refiero a ese empeño que no flaquea, que continúa por encima de todo repitiendo a pesar de todos los obstáculos y contratiempos.
No. No es la resistencia pasiva tampoco. Nada de eso. Todo esto es muy meritorio y tiene sus ventajas muy grandes,
pero lo que quiero hacer comprender es la **voluntad** en los
términos siguientes: Por ejemplo, te ponen frente a ti una
manzana y un mango y te dicen: «¿cuál deseas?»; tú con-
testas: «El mango…». Ésa es tu voluntad. Pero todavía se
podría decir que eso es «preferencia» porque te han puesto
a elegir. Pero en este otro ejemplo: Yo he decidido hacer
una exposición de arte y hago mi lista de personas a quienes deseo invitar. En este caso, no me han puesto a elegir.
Es mi **voluntad** hacer una exposición y es mi voluntad expresar el deseo de que asistan las personas invitadas. Yo no
he hecho un gesto de voluntariedad… No hay por qué hacerlo. Supongo que si alguien trata de impedírmelo, entonces, tal vez, sí haría un gesto imperioso contra aquél que
trata de desviar mi decisión. Así, pues, en este caso sería,
decisión y preferencia, pasiva y sin violencia ni esfuerzo.

Esa **voluntad**, a la cual me he referido, es la que se respeta como libre albedrío en todo el **Cosmos**. Y es respetada en una forma que tengo que hacérsela saber un poco más adelante, porque es muy importante que se sepa.

Ahora quiero que se fijen en lo siguiente: **El Principio de Correspondencia** hace que el **Azul** sea el primer color que encontramos en el cuerpo causal del individuo, así como también la propia cura de Dios Padre. **El Azul** representa o simboliza la **voluntad** de Dios y, además, ordena la cabeza del **Yo** Superior. Es el primer color que encontramos y fíjense bien que representa la **voluntad**, sea de Dios o sea nuestra, como imagen y semejanza de Dios que somos. Nosotros cada vez que hacemos un tratamiento u oración, decimos: «De acuerdo con la voluntad del Padre», o sea, que ante todo deseamos cumplir y que se cumpla la voluntad de Dios en el asunto que estamos tratando. «Como es arriba es abajo». La Voluntad de Dios ante todo. La voluntad individual es lo que rige toda su manifestación. Para que sea perfecta estamos dispuestos a que prive la de Dios antes que la nuestra.

Ahora, los estudiantes de la **verdad** están en un nivel de evolución muy adelantado. Al comenzar a estudiar ya pueden decir con toda propiedad: «Yo no estoy en el Plano de las Leyes Materiales, yo estoy bajo la Gracia». Al interesarse uno en las cosas espirituales ya pasó la voluntad a buscar a Dios. Yo les dije que la voluntad individual es lo más importante en la vida del individuo y que era respetada por todo el Cosmos. Imagínense ahora lo que eso significa en términos del respeto que se merecen todos ustedes por parte de las Huestes Ángélicas y los Planos Superiores e Inferiores… y con éstos últimos más aún, ya que los Planos Inferiores no pueden ni acercarse a molestar la voluntad individual… Hay una barrera que lo impide… Si el individuo no lo sabe y cree que todo el mundo puede interferir, molestar, impedir e interrumpir, pues **eso mismo le sucede**… Pero, al estar en cuenta de que su **voluntad** es lo más respetado, lo más importante para todo el Cosmos, entonces la **verdad** lo hace libre y esto lo da una seguridad y una gran fe.

El respeto a la voluntad individual es tan grande y tan importante que hay una Ley conocida por todo el Cosmos que es la siguiente: «No se puede prestar ayuda si no viene directamente por petición de la octava en la que se origina la necesidad». Esto significa que a la necesidad material no pueden acudir los Santos, ni los Maestros directamente. Tiene que surgir la oración, no solamente del propio Plano, sino de la **octava** particular. Una octava es una subdivisión de un Plano. Así como en el Plano hay siete octavas, en los Planos hay infinidad de octavas. Son **subdivisiones** que rigen la armonía universal.

Vamos a decir que alguien tiene una llaga. Mientras esa persona se cure su llaga con ungüentos y pomadas, polvos, vendas y cosas materiales, su poder curativo espiritual no se mueve. No hace nada por sanar aquella dolencia. Y dices tú: «¿Pero entonces, Dios no me atiende?» En ese caso todo está en suspenso esperando la menor indicación del individuo. Hay guardianes silenciosos en todos los Planos, atentos a la menor lucecita o cambio de intensidad en la oscuridad, para volar con el mensaje a algún Ser de Luz que venga a intervenir… Pero mientras el individuo no dé señales de ese cambio, nadie se mete con él… Se supone que es su **voluntad** curarse él mismo y nadie coarta su decisión. Por eso se dice que la petición tiene que venir de la propia **octava** del individuo para ser atendida. Los grandes Maestros dicen: «Si no fuera por esa Ley, cuánto tiempo hace que nosotros hubiéramos salvado la tierra de sus males».

Ahora, con respecto a los ángeles es distinto. Dice una máxima ocultista: «Es estirpe de los ángeles descender al nivel de los átomos» Esto quiere decir que allí donde no llega nada ni nadie, ni Santo ni Maestro, puede llegar un ángel. A ellos no les está prohibido ninguna entrada, ni cerrada ninguna puerta, porque ellos son hechos de sentimientos purificados, mientras que los humanos están mezclados con egoísmos, con temores, con odios y venganzas, pero la parte pura de todo sentimiento hace que vengan ángeles a ver si pueden ayudar. No en vano les digo yo siempre a ustedes «pongan un ángel» cada vez que se trata de proteger a un niño, la casa, las puertas, las ventanas o lo que sea.

Por esto es que el más leve sentimiento es percibido por el ángel guardián silencioso que atisba precisamente estos cambios y llama a los directamente interesados para que vengan a ayudar.

¡Parece mentira!

...Que la única creación de Dios que posee la facultad del **libre albedrío** sea esta humanidad, este Ser humano que somos cada uno de nosotros y que, por poseer ese don divino, seamos los únicos que nos hemos atrevido a crear la discordia, el odio, las guerras, el hambre, el desorden, el libertinaje y la maldad. Y vamos a comprobar este alegato.

Por debajo del hombre están los animales, las aves, los insectos. No tienen libre albedrío porque no razonan siquiera. Son casi autómatas gobernados por un espíritu superior llamado «Espíritu Grupo». Los hay para cada especie y éstos no se apartan de su Principio Fundamental de Amor, Vida y Armonía y Luz.

Más arriba del hombre están los Ascendidos Maestros, la Hueste Angélica y los Seres Cósmicos que no se apartan jamás de su Principio Fundamental de Amor, Vida, Armonía y Luz. En la misma humanidad hay seres adelantados que, al nomás conocer a su Amada Presencia y darse cuenta de lo que acarrea el libre albedrío, no piden otra cosa que la Amada Presencia asuma el mando y que se cumpla la Voluntad Divina y no la propia.

Por esto del libre albedrío es que nuestra Tierra tiene 50 siglos de atraso. Ella está atascada en un mismo punto. No retrocede, pero no avanza ¿Y por qué? ¿Qué fue lo que interrumpió nuestra marcha? Ya se los voy a decir.

Ustedes saben que el hombre tiene varios cuerpos, uno por cada Plano de vida. Estos Planos son siete, cada uno con siete subdivisiones. Pero nosotros no vamos a tratar sino de tres de estos Planos, o sea, el Plano Físico, el Plano Astral y el Plano Mental. Mejor dicho, el Cuerpo Físico, el Cuerpo Astral y el Cuerpo Mental. De éstos, el Cuerpo Físico se compone de dos partes muy marcadas. La parte densa, formada por sólidos, líquidos y gases, y la parte que no vemos, formada por cuatro tipos de materia muy fina. A esta parte se le llama el Doble. El Doble Etérico. No confundir con el Plano o Cuerpo Etérico que es parte del Plano Mental. El Doble es idéntico al Físico pero es como una niebla, de color grisoso, es más grande que el Físico, o sea, que sobresale del Físico como cuatro centímetros, porque su cometido es el de absorber los Rayos solares y distribuir la vitalidad por todo el Físico. No es difícil verlo. Se le llama el Aura de Salud porque cuando la persona está sana es brillante y cuando está enferma luce opaca. Los hindúes le dicen Prana a la vitalidad.

Este Doble no debe jamás separarse del cuerpo denso. Él no debe usarse para clarividencia ni para salir de viaje en el espacio. Es el protector y suministro vital del cuerpo. Sin embargo, hay cosas anormales que lo hacen separarse un poco, como un golpe muy fuerte, un acceso de furia, una terrible emoción, la desesperación, la mala salud, las drogas y la auto-hipnosis. Esto causa una condición desastrosa llamada mediumnidad. La mediumnidad es una anormalidad, es, pues, una enfermedad. Es un desorden. Sí, mis hijitos e hijitas, la mediumnidad no es un don del cielo ni una prueba de altura. Es negativa y no se debe practicar. Hay que curarla porque es una enfermedad psíquica.

Ahora, como la humanidad tiene a menos controlar sus arranques emocionales Positivos o Negativos, o sea, de cólera y pena, como de placer, exponiéndose a todo género de accidentes y enfermedades, toda vive expuesta a la separación del Doble Etérico. Hay ciertas sectas (que no necesitarnos nombrar) que enseñan a todo el Planeta a entrar en trance mediumnímico por medio de ritos, relajaciones, cantos monótonos que inducen el autohipnosis, y esto separa el Doble del cuerpo denso. En toda sesión espiritista, la medium termina en profundo agotamiento. Se le ve demacrada, jadeante, sufre palpitaciones terribles. Todo porque al separarse el Doble del Físico priva a éste de la vitalidad. Si ocurre algo que asuste al medium, éste moriría. Ninguna persona de buen sentido debe jamás practicar ni la mediumnidad ni el espiritismo porque es peligrosísimo.

Por otra parte, el medium es un instrumento pasivo de influencias ajenas. Los espíritus de altura jamás se acercan a un cuerpo impuro. El mediumnismo es el antítesis del adeptado. Generalmente son los espíritus muy bajos de los subplanos astrales los que vienen para aprovecharse de la vitalidad del medium. Si son los espíritus de la naturaleza, no pueden soportar las emanaciones humanas. No se acercan. Los espíritus burlones les encanta mistificar, engañar y hacer papeles de grandes figuras. La persona inteligente los puede desenmascarar. Casi siempre los mensajes que dan son leídos por los mismos espíritus en la memoria o la conciencia de la persona. Los espíritus de los llamados «muertos» a menudo se pueden acercar, pero siempre son los muy llenos de impurezas quienes buscan alivio en los vivos. Por supuesto, sí hay una clarividencia espiritual, pero ésta es tan distante del Plano Psíquico como una estrella de una luciérnaga. Sólo un Adepto puede separar su parte etérica voluntaria y conscientemente, ya que él sabe dominarse a sí mismo y subyugar a las potestades inferiores.

Todo lo dicho es lo que ha estancado a la humanidad en un ambiente psíquico de donde es muy difícil extraerse. Es una de las grandes razones que mantiene a la humanidad en el atraso de 5.000 años. Habiendo superado los cinco mundos: Mineral, Vegetal, Animal, Humano y Astral; cuando deberíamos haber entrado en el Plano Mental y estar a las puertas del Plano Espiritual manifestando el Cristo, se nos viene encima la Era de Oro, la Iniciación de la Tierra en que ella tiene que elevarse a la órbita de Venus; cuando deberíamos ser ya una sola raza, los **Hijos de Dios**, resulta que estamos atascados en el Plano Astral, luchando junto con cuatro otras razas que han ido viniendo cuando les tocaba encarnar aquí, obstaculizándoles su adelanto. Y esto trae por consecuencia que más de la mitad de los habitantes de la Tierra no podrán soportar las vibraciones aceleradas que van a comenzar pronto a manifestarse en el viaje de la Tierra a la órbita superior. Esta cantidad de humanidad tiene que irse a otros planetas inferiores al nuestro, y ya los estamos viendo irse, pues no será como cree la mayoría, que vendrá un Cometa que arrancará a esa mayoría con un arrastre de su cola. Eso es fantasía. No. Se van de muerte natural o de accidentes, de aviación, marinos, de cataclismos que ocurren por derrumbes, terremotos, etc. Todo lo cual se lleva grandes grupos. Los estamos viendo ocurrir cada día más. Los Maestros tratan de superar la condición de atraso y tienen 172 años enviando a la Tierra enseñanzas avanzadas para hacernos dar el salto al Plano Mental. El primer Maestro que enviaron se llamaba Quinby, quien trajo El Nuevo Pensamiento (por lo cual nombramos la Revista Metafísica). De allí en adelante, se han sucedido otros grupos, entre ellos La Ciencia Cristiana y Unity, todos basados en la Ley de Mentalismo, que es lo que controla y equilibra las anormalidades mencionadas del Cuerpo Emocional y que es lo que mantiene atrasado a todo el Planeta Tierra.

Es muy importante recordar (porque ya esto ha sido enseñado en mis dos primeros libros) que no es que haya que trasmutar o destruir la emoción. Es simplemente equilibrarla con el desarrollo de la inteligencia. Toda creación contiene Sentimiento y Pensamiento equilibrados porque si la creación contiene más cantidad de uno u otro se produce distorsión. La Tierra está cargada de una efluvia grotesca de creaciones distorsionadas, en especial los planos inferiores del Astral, porque impera el descontrol emocional y, por lo tanto, el odio. No se debe tolerar que la mediumnidad, por la separación del Doble Etérico, gobierne a la humanidad y al Planeta.

Repito, sí existe la comunicación espiritual de gran altura, pero es pura y no puede descender a la impureza. La más pura que existe es la llamada «**Luz y Sonido**». Ésta, además de pureza, requiere un entrenamiento tan especial que tarda treinta años en producirse en la persona preparada. Así como en lo que se llama «Medium de Aportes», la medium no puede controlar la manifestación y cuando menos se espera caen objetos del espacio. Lo mismo ocurre con la Luz y el Sonido. Es decir, que la voz del Maestro y las letras y palabras hechas en luz aparecen en el aire, visibles a todos los presentes, porque la medium es ya un campo magnético. De manera que si alguien te dijera que él o ella es «Medium de Luz y Sonido», no lo creas, ya que esto no tiene por qué divulgarlo nadie. Está claro y a ojos vista.

Relee mucho esta lección para que comprendas muy bien los mecanismos que contiene.

¿Saben ustedes a qué se llama «Magnetismo Personal»? Los Maestros dicen que con cada latido del corazón emana una llama inteligente que irradia luz compuesta por electrones de forma octagonal, es decir, como un polígono de ocho lados. Visualícenla como una de aquellas cuentas por collares que parecen diamantes. De eso se va formando la sustancia electrónica que nos rodea como una gran aureola, ya que cuando estos electrones emanan de nuestro corazón van permaneciendo en nuestra atmósfera y cada uno de nosotros se encuentra, como quien dice, «empacado en hielo». La naturaleza y el carácter de cada uno determinan el tamaño, la condensación y la fuerza de esa sustancia electrónica que nos rodea a cada uno. Y es posible sentir la personalidad o el «Magnetismo Personal» de una persona al entrar en su presencia.

De acuerdo con ese tamaño y fuerza del Magnetismo Personal, la persona es capaz de dominar a un grupo, a una gran masa o a una nación entera. Es como una onda que abarca e influencia. Si el magnetismo es negativo o maligno, el efecto es contraproducente. Si es positivo y constructivo, la influencia será benéfica. Aquéllos con dominio negativo son los que se vuelven dictadores. Aquellos que están en contacto con su Amada Presencia y con los Maestros Ascendidos son imbuidos, transformados y llenados del Poder de Dios.

Como comencé a explicar en la narración llamada «Parece Mentira», la humanidad entera ha estado emitiendo incontables toneladas de sustancias electrónicas impuras. Debido a la separación de los cuerpos Físico y Doble Etérico, debido a la violencia, al descontrol emocional, la emanación de todo el planeta, o sea, lo que cubre a la mayoría de los humanos y, por lo tanto, al planeta, es lo que llaman los Maestros «Sustancia Psíquica y Astral». Ésta es una creación humana de centenares de miles de toneladas de sustancia impura que recubre y opaca la luz que debería estar irradiando el planeta Tierra. Esta cosa opaca es lo que se llama «El Plano Astral». Apréndanse bien esto para que sepan de hoy en adelante lo que es el Plano Astral; a desconfiar de los llamados «Mensajes» y a pedir muchísimo discernimiento con respecto a éstos.

El magnetismo benéfico, naturalmente, ejerce una influencia de radiación divina, despertando Cristos, haciendo más alertas y autoconscientes a los demás.

Hemos sido encargados de «desvestir» a la Tierra de la sustancia astral que la reviste y la opaca. Ya todos ustedes conocen el Mandato Cósmico respecto a que la Tierra emita mayor cantidad de luz y esto significa que todos aquellos que tengan discípulos y ejerzan la enseñanza de la «Hermandad Saint Germain» tienen que comenzar de inmediato a enseñarles a cumplir con el Mandato Cósmico en la forma que sigue:

Sugerimos la siguiente «Invocación» para iniciar la diaria Meditación y así atender a la tan importante tarea que se nos ha dado.

«Por la Ley del Uno y en el nombre de la Amada Presencia **Yo Soy** en mí y en todos mis hermanos encarnados y desencarnados» decreto:

Yo Soy la Ley del Perdón y la Llama Transmutadora de toda acción desharmónica y de toda humana creación, mía y de toda la humanidad.

Yo Soy la Inmortal y Victoriosa Llama Triple de toda partícula de Vida; y en cumplimiento al Mandato Cósmico invoco a los Amados Señores de los Elementos, Helios y Vesta, Thor y Aries, Neptuno y Lunara, Pelleur y Virgo, a que purifiquen a toda la atmósfera de la Tierra, a todos los Elementales y a todos los seres humanos para devolverles todo el esplendoroso brillo original.

Ruego a los Amados Ascendidos Maestros que pongan Su Luz en la conciencia y en la de todos mis hermanos para limpiar la mugre de los Siglos. Todo lo cual pido y decreto en la Presencia Luminosa del Amado Gautama y el Perfecto Equilibrio de Polaris y Magnus, encargado de llevar a la Tierra a su ascensión hacia la órbita de Venus.

A medida que les voy pasando estas narraciones, continúan ocurriendo grandes desastres en todo el Planeta Tierra. Les recuerdo que no va a ocurrir un Cataclismo Planetario. Sólo ocurrirán cataclismos aislados en que desaparecerán grupos de aquellas personas que no podrán resistir la creciente rata vibratoria a medida que el Planeta se endereza y aumenta su frecuencia para ascender hacia la órbita más adelantada del Planeta Venus. Piensen que si esas personas sintieran el despertar crístico, estando aún en el estado de conciencia pisciana que ellas se resisten a soltar, se volverían locas sufriendo estados morales muchos peores, ya que no serían de un rato corto y repentino sino de larga duración. O sea, de una insoportable y continua tortura. Por lo tanto, cuando ustedes sepan y oigan de desastres como los de aviación, huracanes, terremotos. etc., diríjanse a la Amada Presencia y dénle gracias en nombre de los damnificados, porque Su Infinita Misericordia los está cuidando y protegiendo de algo peor. No pidan que cesen las manifestaciones, ya que éstas significan escalones, evolución y purificación. Simplemente den gracias y envuelvan todo en Llama Violeta.

Para formar tu prosperidad

*H*ermano:

Lo que le sucede a las personas devotas y criadas en las doctrinas cristianas (que hasta hace muy poco estuvieron en vigencia), es que creen en la separación del Cielo y de la Tierra, del Cuerpo y del Espíritu, como si Dios estuviera en el uno y no en el otro. Tú oyes mucho decir por allí: «¿Qué se va a ocupar Dios de estas cosas?». ¡Como si Dios pudiera dejar de ocuparse de su propia esencia! Cuando la Biblia dice «Dios está en todas partes», no sugiere que Dios está en las cosas grandes y no en las pequeñas. «Todas partes» no necesita calificación. Es **todas partes**. el **todo** y las **partes**.

Nuestros cuerpos están en tierra. No faltaba más que Dios fuera a despreciar los templos que ÉL mismo ha creado para poder habitar la Tierra, precisamente porque está en la Tierra y no en el espacio sideral, ¡ah, caramba!

El Padre, que nada ha desatendido, nos ha puesto la manera de crearnos **todo**, **todo**, **todo** lo que nos sea menester en este Plano y en todos los Planos. La lección nos la ha dado en el Pan Nuestro de cada día dánosle hoy… Eso significa que tenemos que **reclamar** lo que necesitamos y que es **nuestro,** ya. Pero nadie, sino nosotros mismos, puede saber qué es lo que nos hace falta. La palabra **Pan** cubre todo: dinero, ropas, viajes, estudios, comida,

Un Tesoro Más Para Ti

compañía, distracciones, trabajo, etc. Y como **somos todos el Hijo de Dios esencia del Padre**, nos ha dado la fórmula mágica para reclamar, pedir, decretar o **crear** y que nos caiga **ya, ya, ya,**, sin demora alguna. Y es usando el nombre del **Padre**, que es «**Yo Soy**».

Al pronunciar las palabras «**Yo Soy**», dice Saint Germain, toda la creación y todas las esencias creadoras se detienen en suspenso, esperando lo que viene después para producirlo al instante. Tan poderosa es la palabra, el Logos creador «**Yo Soy**», que se pone en movimiento todo atributo de Dios y, que si lo dejamos quieto, la manifestación es instantánea. Lo que pasa es que o ponemos duda, temor o palabras contrarias, negativas como las que tú pronuncias tantas veces en cinco minutos, y se desbarató la creación que nos debería salvar. Porque, no te engañes, la misma fuerza con que sale el «**Yo Soy**» a cumplir el mandato positivo, cumple el mandato negativo si se le ordena: cada vez que uno pronuncia un «**Yo Soy**» o un «**Estoy**» (porque es la misma persona quien habla); por eso las personas pasan años en un bajón sin poder surgir de abajo.

Ocurre que las personas a quienes se les enseña esto, a veces les da pereza la tarea de corregirse poniéndose atentos a todas sus expresiones y para salir del paso dicen: «Yo no creo eso», creyendo que así van a eliminar la acción de la Ley. Pero la ignorancia de la Ley no quita el castigo. Lo que han hecho en realidad es desperdiciar la oportunidad de sentarse por fin en el Cielo y la oportunidad puede que no se vuelva a presentar en muchas vidas.

Ponte ya a ordenar lo que te pertenece: **Yo Soy** la Presencia de Dios en mi negocio, en mi Vida, en todos mis asuntos. **Yo**, como hijo de Dios, no puedo carecer de nada, mucho menos de dinero cuando éste es el símbolo de la sustancia y la abundancia de Dios en la Tierra. **Yo Soy** la riqueza de Dios, **Yo Soy** la afluencia y la abundancia de todo lo que YO pueda necesitar. Como es Arriba es Abajo y si Arriba tengo yo la Paz y el Orden, Abajo **no puedo tener angustia y desorden**. Arriba y Abajo son una misma cosa. Gracias, Padre, que me has oído y siempre me oyes.

Ponte a ordenar **ya** y hasta cuatro veces diarias lee este escrito o repite las afirmaciones que te he dado. Por una semana entera vas a hacer esto. Tú tienes mucho que hacerte perdonar porque no has hecho sino decretar pobreza, limpieza de bolsillo y Banco, «no puedo, no tengo, no hay». Qué es eso, Señor. ¡¡Todo eso es mentira y tú mientes a cada paso de cada día!!

Yo te veo perfecto, hermano. Tú eres bueno, bondadoso, piadoso, noble, eres un encanto. Sólo te veo un defecto espantoso. Menos mal que es inconsciente, pero, como ya te dije, la inconsciencia o ignorancia no quita el castigo y tú tienes la prueba. El defecto es que vives pregonando a los cuatro vientos la pichirrería de Dios, la mezquindad y la avaricia del Padre. Cada vez que tú dices «Este negocio», como ese negocio te representa a ti y tú eres «**Yo Soy**», tú estás difamando a Dios en ti y decretando constante miseria.

Decreta lo siguiente: «En nombre de mi Presencia «**Yo Soy**», ordeno que no vendrá absolutamente nadie con una cuenta hasta que en esta caja haya lo suficiente con que pagarla. Ordeno que jamás vendrá una cuenta si en la Caja no hay lo suficiente para cubrirla y que **siempre** habrá con qué cubrir ampliamente y sobrancero todo lo que sea menester. Lo decreto en Armonía para todo el mundo, bajo la Gracia y de Manera Perfecta. Gracias, Padre».

Todas las mañanas bendice tu negocio, bendice todo el que necesite un algo que tú puedas suministrarle, rodea de amor a todo el que te deba dinero y pronuncia por ellos: «Sólo la Presencia de Dios «**Yo Soy**» actúa en ellos». Bendice tu cuenta de banco, bendice la caja y di al mismo tiempo «**Yo Soy** la Presencia de Dios en esto». Y si tú cumples con Dios en esta forma, con todo tu empeño, tu disciplina y tu voluntad, verás milagros.

Repite todas las mañanas al despertarte: «Gracias, Padre, que el día de hoy todo está cubierto».

El secreto de esto es que no existe el futuro sino el Eterno Presente. Estás decretando para siempre, para el Eterno hoy, y cuando por orden divino vayan cayendo las cuentas por pagar, las obligaciones y los «imprevistos» ya están cubiertas en hoy, constante y eterno.

El tratamiento
de tratamientos

Vengo a darte lo más alto que se nos ha dado hasta ahora: El tratamiento que sobrepasa todos los tratamientos, que elimina, que hace superfluos a todos los esfuerzos, decretos y repeticiones que antes conocimos.

Este tratamiento ha sido dado, a través de «El Puente a La Liberación», por el Maha Chohan, representante del Espíritu Santo ante el planeta, para transformar el mundo.

Al abrir los ojos por la mañana, piensa en el Sol, te visualizas centrada en él, y afirma:

**Yo Soy la radiante, brillante presencia
de Dios, sin limitación, sin tiempo ni edad,
sin impureza y sin imperfección.**

Medita esa afirmación de la manera siguiente: Estás hablando la pura Verdad porque eres tu átomo permanente que es la Presencia de Dios en ti. Al visualizarte centrada en un Sol, que abarca todo lo que te rodea, has ampliado el brillo y la radiación de tu átomo permanente. Te has convertido en un foco, un contacto, un agente de Dios y todo lo que entra en tu radiación durante ese día, se despierta a la Presencia de Dios. Todo aquello en que tú piensas, todo lo que hables, lo que toques, lo que te rodee luego, por Ley de Atracción queda en ese tu océano de vi-

da, está iluminado y ya no le quedan sino dos caminos: 1)
si es positivo, tiene que continuar perfeccionándose; y 2)
si es negativo, tiene que comenzar a purificarse instantáneamente. Lo más grande es que ya tu Presencia lo ha envuelto en un rayo antes de que tú se lo hayas pedido,
porque tú, en tu meditación de la mañana y por virtud de
tu afirmación, le abriste la puerta. Eso es todo.

Eres la Presencia de Dios consciente y en acción. Lo
has decretado con las palabras «**Yo Soy**». Ya sabes que todo lo que se decreta con el «**Yo Soy**» pone en movimiento todo el Poder de Dios y se hace instantáneamente.

Vamos a practicarlo. Piensa en algo que necesita ser
remediado, por ejemplo, los barrios pobres, aglomera-
ción de ranchos sin agua, sin cloacas, sin luz y sin comida… No hagas nada: sólo piensa la Verdad. Toda esa
gente posee el átomo permanente en el corazón. Son
también cada uno la Presencia de Dios, que al haber sido
contactadas con tu pensamiento en ellas, entraron en tu
radiación, son iluminadas con tu Sol, forman ya parte de
tu océano de vida. Ya no pueden continuar como lo han
estado. Ahora tienen que comenzar a purificarse de la
imagen de miseria, desempleo, hambre y enfermedades
que las han tenido hundidas en esa obscuridad.

Piensa ahora en algo que esté en tu ambiente inmediato, referente a un familiar o un amigo o amiga, o sea,
algo que tú puedes chequear luego. Piénsalo nada más,
conociendo la Verdad de su átomo permanente, su Pre-

sencia de Dios, y puedes repetir tu afirmación de la mañana: «**Yo Soy la radiante, brillante presencia de Dios**,
sin limitaciones, sin edad ni tiempo, sin impureza y sin
imperfección». Ya está. Puedes repetir esto tantas veces
como lo quieras para satisfacerte de que has hecho algo
por ese caso, pero siempre que tú hagas tu tratamiento al
abrir los ojos, no hay necesidad de hacer nada más.

Verás como poco a poco el tratamiento se te va exten-
diendo él solo y encuentras que todo el día, en todas las circunstancias, te acude a tu mente, hasta que siempre estarás
consciente de la Presencia de Dios en ti y en los demás, en
todo lo que te rodea y en todo lo que existe, basta con pensar
en Dios para que Él entre, domine y perfeccione.

Cosmografía

*L*a mayoría de los humanos saben muy poco respecto al Universo que habitamos. Este saber se limita a: La Tierra, como habitáculo suyo; el Sol, que nos ilumina y nos calienta; la Luna, porque es nuestro «satélite» y, misteriosamente, tiene que ver con las mareas; las estrellas, «que salen de noche», y, finalmente, los planetas más cercanos a la Tierra. Aparte de que la curiosidad ha impedido a nuestros co-humanos tratar de viajar al «satélite», es todo lo que el ser corriente conoce más allá de su nariz.

Él rechaza todo intento de hablar sobre las condiciones vitales de otros planetas. Sobre todo, rechaza categóricamente la idea de que pueden estar habitados. Para él ya se dijo todo con la explicación de que «no habiendo aire, no puede haber "vida". Le satisfacen estas teorías superficiales, ya que no se molesta en empezar a meditar si la «vida» puede o no tener formas diferentes a las que él ve en su contorno, y ante la sugerencia de que un ser humano puede que sea distinto, en tierras y condiciones diferentes a la nuestra, estalla en una explosión de risa y comienza a formular chistes tontos sobre formas humanoides-animaloides con características vegetales, etc.

El concepto lapidario es: «si no hay aire no puede haber vida» y se olvida que los peces son «vida», que los microbios son «vida» y que existe una especie de ellos llamados anaerobios, precisamente porque viven sin aire. Se olvida de que la «vida» se adapta a las condiciones y medio en que nazca y allí perdura y que sólo el cambio violento de un medio a otro medio para el cual no ha sido adaptada, es lo que no acepta.

Primeramente, el diseño divino de un ser con cabeza, facciones, pies, manos y órganos indispensables es siempre el mismo, no importa el plano o planeta a que pertenezca.

Si pudiéramos ver a los habitantes de los otros planetas, nos asombraría constatar que son idénticos a nosotros, unos más bellos o más feos, más altos o más bajos, pero que lo único que difiere es la materia que los compone. No serán de carne y hueso, pero sí de material que concuerda con su atmósfera y la sustancia química que conviene a su ambiente y reino. Si las emanaciones de planeta son de mercurio, ¡el habitante del planeta Mercurio no puede ser de carne y hueso! Pero que es un humano, inteligente hermano nuestro e hijo de Dios, se sabe por las comunicaciones espirituales.

El simple hecho de que el pez, que se ahoga en nuestro aire, y nosotros, que nos ahogamos en el agua, somos de carnes y osamentas distintas aunque habitamos el mismo planeta, pasa desapercibido para todo humano que se niega a creer que un «platillo volador» es una cosa positiva. ¡Pero es de mentes obtusas y cerradas la pretensión de que todo tiene que ser idéntico a ellas sin desviarse un pelo!

¡Cuánto asombrará a los humanos el día que todos sepan que jamás podrán viajar ni a Venus ni a Marte en su cuerpo carnal, sino en cuerpo astral, etérico, periespíritu! ¡Y que podrán viajar a donde les plazca, desde la Luna hasta el último planetoide, el día que sepan desdoblarse y proyectarse en sus vehículos menos densos! Más adelante, en esta Edad de Oro, Era de Acuario, a cargo del Maestro Ascendido Saint Germain, será cosa corriente y común, el día que se acabe el egoísmo y el odio, ya que los otros planetas superaron estos defectos y no pueden tolerar semejantes vibraciones.

Cuánto asombrará a los humanos terrícolas el saber que los llamados «platillos» se aparecen y desaparecen a voluntad de sus dirigentes. Que al acercarse a la Tierra con intenciones de aterrizar, retardan su marcha y, por lo tanto, sus frecuencias vibratorias, y se materializan por el mismo Principio que anunció Einstein: Cuando el hombre llegue a conocer su propia ecuación se desintegrará a voluntad y se reintegrará en otro lugar.

Algo parecido ocurre cuando un avión comienza a detener la hélice y allí, donde no veíamos nada, comenzamos a vislumbrar las aspas que giran más y más lentamente hasta que se detiene por completo y se muestra sólida la hélice, ¡cuando a pocos minutos antes era invisible a causa de una vibración vertiginosa!

Si no se puede pensar, recordar y comprender este último detalle, ¿cómo se va a comprender ni creer en los habitantes adelantados de otros planetas y mucho menos creer en los Maestros Ascendidos? Pero interesa mucho que la mayoría de los terrícolas comience a saber de estas cosas, por la salvación del planeta y de ellos mismos porque, como dijimos en el Mensaje anterior, los que ya saben algo de esta enseñanza y siguen las instrucciones tienen el «chance» de salvarse de los cataclismos inminentes, y ayudarán a salvar a todo el planeta Tierra de éstos.

A todo el que le parezcan estas nuevas enseñanzas casi imposibles de creerlas, no tiene sino que recordar que sólo hace sesenta y pico de años que no se concebía la posible existencia de un avión, ni un fonógrafo, ni un teléfono, ni un televisor, ni un automóvil ¡ni de la electricidad siquiera!

En idéntico estado de ignorancia se encuentra el hombre corriente con respecto a la Cosmogonía y Cosmología. Está convencido (aunque no se atreva a confesarlo, aunque se diga católico, protestante o judío) que al morir su cuerpo, se acaba todo él o se desaparece en un más allá que es mejor «no jurungar».

Uno de los Principios de la Creación se llama la **Ley de Correspondencia** y tiene por lema «Como es Abajo es Arriba y Como es Arriba es Abajo». Ella comprueba que el hombre continúa viviendo eternamente en alguna parte, evolucionando y adelantando como el niño que entra primero al «kinder», luego a Primaria, Secundaria, Bachillerato, Universidad, etc., etc.

La Biblia enseña que Dios ordenó al hombre crecer y multiplicarse. Es auténtico. El hombre sigue creciendo, agigantándose y multiplicándose. No en el sentido de tener muchos hijos, como en la Tierra, sino en un sentido que se nos hace difícil captar, aunque hay un ejemplo: La entidad llamada «El Espíritu Santo» es uno de los aspectos de Dios, que conocemos por referencia, más en contacto con la Tierra. No es masculino, como se cree. Es la parte maternal de Dios. Padre, Hijo y Espíritu Santo, significa: Padre, Hijo y Madre. El Padre es el Creador, Dios. La Madre es el Espíritu Santo y el Hijo es Todo Hombre, todos los hombres, o sea, el producto del Padre y la Madre.

Entre las atribuciones conocidas del Espíritu Santo, está la muy maternal de **dar el primer soplo** a todo recién nacido y recibir el último soplo del moribundo. Y tú dirás: «¿Y cómo puede ser eso si mueren y nacen tantos cada minuto por todas partes?». Pues por la multiplicación de Su Ser. Avanzando, llega a cada ser humano, angélico o elemental a multiplicar su ser y a estar en muchos al mismo tiempo.

Ésta es una de las explicaciones del por qué y cómo somos hechos a imagen y semejanza del Padre, quien está en todas partes al mismo tiempo. A medida que avanzamos nos vamos pareciendo cada vez más al Padre. No importa lo feos y pequeños que parezcamos ahora. El niño recién nacido también es minúsculo y feíto hasta que pasan unos meses. El niño, desde que es concebido hasta que camina, describe toda la evolución efectuada por la humanidad en miles de eones, pasando por larva, pez, animal, etc.

Naturalmente, como la vida es eterna, nuestros hermanos mayores no han desaparecido. Están vivos, actuando y evolucionando en alguna parte, desempeñando cargos y oficios cósmicos, creciendo y multiplicándose. Todo ser que ha vivido y existido, todo personaje histórico, de renombre en cualquier capacidad, existe hoy en alguna parte. Por supuesto, en planos tan remontados que los hemos perdido de vista. Pero más adelante te asombrará saber de seres que tú creías de cuentos de hadas. Nombres de la mitología griega que suponía inventados por la imaginación del vulgo o, como lo dice la palabra, «mito-lógicos».

El verdadero mito está en que cuando ellos dejaron la huella de sus nombres sobre el planeta no eran aún dioses. Eran personajes que se destacaron y que el vulgo los endiosó, tal como en nuestros tiempos endiosaron a Rodolfo Valentino y a Carlos Gardel porque fueron un popularísimo actor romántico y una gran figura del tango.

Hoy en día esos seres que fueron mitológicos están tan por encima de nuestros conceptos que, para nosotros, son dioses con poderes divinos. Hércules, Amazonas, Minerva, Helios, Vesta, Orión, Sonata, Tranquilino, no te asombres, existieron y siempre existen.

Las galaxias, los sistemas, las estrellas, los planetas y los soles son creaciones de creadores que en un tiempo fueron simples seres humanos como nosotros.

Algunas ediciones bíblicas dicen al comienzo: «En el principio los Elohims crearon el cielo y la tierra». Otras ediciones no dicen sino: «Los dioses crearon...», etc. Elohims son seres-dioses, adelantados elementales. O sea, del Reino Elemental. El término Elohim es un grado de adelanto mental. Los Maestros son grandes en energía nuclear, atómica, en rayos lumínicos, en poder mental y tienen gran poder, estatura y multiplicación.

Está predicho que en esta Era se unirán la Ciencia y la Religión... Se entiende que son todas las religiones y todas las ciencias. Entre éstas están, muy seriamente, la Astrología y la Numerología. Lo mismo que muchas cosas que aún no son consideradas «ciencias», pero la Verdad se encuentra en todas partes. Todo esto es Metafísica, ya que este término engloba todo lo que no es visible a los ojos carnales, desde el aire hasta el espíritu.

Para empezar, la naturaleza de la Divinidad se divide en siete aspectos mayores: Amor, Vida, Verdad, Inteligencia, Alma, Espíritu y Principio.

Cada uno de los mencionados tiene su atributo correspondiente en términos científicos, por ejemplo: El Amor, en la Ciencia, corresponde a la Atracción, Cohesión y Adhesión.

Dos o más aspectos reunidos dan un tercero. Por ejemplo: Amor e Inteligencia forman la Sabiduría. El amor solo no sería sino una fuerza ciega que abrumaría por demasiado dar. La inteligencia solo sería satánica.

Se necesita la unión de las dos para equilibrar, para reinar sabiamente.

Cada tino de estos atributos tiene color, tono musical, símbolos y número. Por supuesto, todo esto es en términos generales porque luego se van complicando las cosas en progresión matemática hasta el infinito; pero todos tenemos que comenzar por algún lado y ésta es una forma muy sencilla.

Como lo saben todos los pintores, hay tres colores primarios: Azul, Amarillo y Rojo. De éstos se desprenden tres secundarios: Verde, Naranja y Morado.

En lenguaje espiritual no se dice ni rojo, ni morado ni naranja. Se les llaman Rosa, Violeta y Rubí con Oro.

Todos los colores juntos dan el blanco que se le dice «cuarto color».

El primer color es el Azul. Es el color de la Voluntad Divina, de la Fe, del Poder de Dios, del Bien, la Bondad y el Equilibrio.

El segundo es el color de la Sabiduría y la Iluminación, o sea el Amarillo.

El tercero es el Rosa, color del Amor Divino, la Belleza y la Opulencia.

El cuarto es el Blanco, color de la Ascensión, la Resurrección y la Pureza.

El quinto es el Verde. Color de la Verdad, la Curación, la Música y la Concentración.

El sexto, Rubí y Oro, el número de la Paz, la Providencia y la Gracia.

El séptimo, Violeta, color de la Misericordia, el Perdón y la Transmutación.

Todos estos colores salen en forma de Rayos del Sol Central. Cada Rayo tiene un Director que lo dirige con gran sabiduría.

Los Directores ascienden, se reemplazan, son oficios jerárquicos que desempeñan.

Los Directores actuales son:

ASCENDIDO MAESTRO EL MORYA, RAYO AZUL.

ASCENDIDO MAESTRO CONFUCIO, RAYO AMARILLO.

ASCENDIDA MAESTRA SEÑORA ROVINA, RAYO ROSA.

ASCENDIDO MAESTRO SERAPIS BEY, RAYO BLANCO.

ASCENDIDO MAESTRO HILARIÓN, RAYO VERDE.

ASCENDIDA MAESTRA SEÑORA NADA, RAYO RUBÍ Y ORO.

ASCENDIDO MAESTRO SAINT GERMAIN, RAYO VIOLETA.

En cada Rayo sirven también un Arcángel y un Elohim. Los Arcángeles más conocidos de los terrenos son Miguel, Rafael y Gabriel, respectivamente, de los Rayos Azul, Verde y Blanco.

Cada Rayo tiene legiones de Ángeles y de Huestes de Luz.

Cada uno de nosotros, seres humanos, sirve en uno de los Siete Rayos, ya que, por simpatía, se ha dedicado a uno más que a otro en nuestras numerosas encarnaciones.

Como es de suponer, y fácil de comprender, el gobierno del Cosmos es algo muy complicado y gigantesco, similar en líneas generales al gobierno de una nación, ya que «Como es Arriba es Abajo y Como es Abajo es Arriba».

Que estas Buenas Nuevas te sean gratas, hermano.

Chispitas de la Verdad

*S*iempre hay en el planeta, encarnados, seres muy iluminados que despiden vibraciones tan altas que disuelven la
efluvia por donde ellos vayan pasando. Si no fuera por éstos, hace mucho tiempo que el planeta se hubiera destrui-
do, como sucedió con la civilización Atlante, en la que la
efluvia de brujería era tanta que el Continente se hundió
bajo su peso. Los Atlantes aprendieron a usar los poderes
divinos y los adulteraron, usándolos por egoísmo, para
ejercer poderío y esclavizar a muchos. Ésa es la brujería.

El «**Espíritu de Navidad**», esa actitud dadivosa que
se despierta en los días de Pascua, es un espíritu femenino que tiene más de dos mil años. Se forma con el egre-
gor que surgió con el nacimiento del Niños Jesús. Su
nombre es María, aunque no es la Madre Virgen. Se le
puede invocar para que nos invada de deseo de regalar,
de alegría y devoción.

Muy cerca del cuerpo hay una aura blanca grisosa. Al
concentrar la mirada cerca de la orilla del cabello, en la cabeza, se ve el aura blanca, angosta. Ésta es el aura de salud. Cuando la persona esté saludable, el aura de salud es
blanca, brillante. Cuando la salud está pobre, el aura se
vuelve nublosa, gris. Algunas videntes la ven llena de pe-
litos blancos rígidos en las personas saludables y tumbadas
como tallos de flores marchitas en las personas enfermas.

Se puede practicar para verla y así se va desarrollando la habilidad de ver las cosas espirituales. Es la
primera emanación del cuerpo. Después que se logra
verla, se desarrolla la videncia que da el captar el aura
grande en colores.

No es de ninguna importancia estar ocupados en las
dietas físicas en las comidas. La purificación de los vehículos interiores, con el Fuego Sagrado, pone en función la
Ley del Equilibrio y acelerará el apetito por las cosas espirituales y todo quedará compensado y el ropaje Físico
manifestará lo que hay en lo interior.

En la Era Cristiana se impusieron muchas órdenes
de no comer carne, de comer pescado, de ayunos, etc.
Eso ya pasó. Ahora es la purificación de lo interior lo que
está en orden. Ya ustedes conocen la importancia de los
Decretos en el uso de la **Presencia «Yo Soy»**.

Carta personal
para sus amadas discípulas

Escrita por CONNY MÉNDEZ *el 25 de julio de 1967*

*A*madas mías:

Por muchos canales se me está haciendo conocer la misión que tengo que cumplir. Han comenzado las revelaciones que me fueron anunciadas hace ya meses. Esta misión las incluye a todas ustedes. Quiero decir, que no consta únicamente de enseñarlas y dirigirlas a ustedes sino que ustedes tienen que formar parte del grupo o, mejor dicho, ustedes son el grupo que ha de apoyarme y ayudarme en la misión. Mi misión es la de ustedes también y por esta razón les dirijo esta clase en forma de carta personal que quiero que cada una la tome como dicha a ella personalmente. Quiero que se saque copia, que cada una posea su copia y la relea a menudo para que no se olvide de lo que tenemos entre manos.

Primeramente, voy a explicarles cómo es que se ha formado la conciencia que está rigiendo actualmente en la tierra entre los humanos. Cada familia que se forma, cada pareja que se casa y tiene hijos se dedica a acumular una fortuna. Esta fortuna la logra, si es que la logra, a costa, no sólo de trabajos y sacrificios, como de esfuerzos por ganarla, con todos los trucos modernos de viveza, pajarobravismo, cobrando de más o afincándose cada vez que puede. Cada vez que el socio o comprador, o sea, que si el pagador del momento es alguien rico, no se tiene en consideración que tiene un sin fin de obligaciones cónsonas con sus medios. «Tiene plata y puede pagar» es la consigna. A su vez, el pagador sabe que le van a cobrar de más y trata de sacar todo a mitad de precio, procurando exprimir al vendedor del momento, dando por sentado que aquél lo quiere aprovechar, sea ésta la verdad o no, no importa. «Hay que estar ojo pelao» es la otra consigna.

Allí tienen las dos consignas: «tiene plata y puede pagar; hay que sacársela» y «hay que estar ojo pelao; me lo quieren quitar». Es la conciencia de robo que impera por todas partes. Esta conciencia, como los pensamientos, se transmiten, entran y salen de las mentes y se quedan allí donde encuentran afinidades. Son recibidos por los atrasados, los de poca evolución y los impulsan al robo, al atraco y al crimen. Ésa es una de las razones del hamponato vigente.

Esta tensión constante de parte y parte hace que no se pueda pensar en otra cosa. La tensión se vuelca sobre el pobre cuerpo físico que se enferma con úlceras, porque la preocupación y el cálculo perduran a través de las horas de comida; con cáncer, porque el veneno de los disgustos lo absorbe el cuerpo; y los infartos, porque no se emplea para nada el amor del corazón, que es el óleo que todo lo suaviza, todo lo cura. Todo lo contrario, mientras más inteligencia y menos sentimiento, mejor es para el negocio. Podría yo continuar enumerando males causados por estas consignas, pero creo que bastan estos ejemplos.

Estas consignas y esta conciencia se extienden a través de todas las actividades de la vida. No es solamente en el negocio de compra y venta. En un hospital se atiende a un enfermo, se opera a otro con la vista puesta en su bolsillo. El único amor que se evidencia es el del médico y el cirujano hacia la labor de sus manos. Pero no es amor puro como sería el que este médico se desvelara por sus enfermos. Por supuesto que siempre hay quien obre con amor, pero la generalidad actúa lo mejor que puede por intereses creados. El cirujano que opera lo mejor que puede por una combinación de interés en el asunto que está operando, e interés en su prestigio, no su reputación, entiéndase, no es virtud. Poco le importa que lo tilden de ladrón aprovechador. La cosa es que digan: ¡Qué tronco de cirujano, no hay otro igual!, para que esta fama le permita poder cobrar lo que se le antoje sin consideraciones. El amor por su trabajo está, pues, empantanado por el lucro y ¿para qué todo ese lucro? Para comprar quintas, yates, automóviles, viajes, ropa y muebles que, a su vez, suban el prestigio; para adquirir peroles, que se hacen obligatorios porque todo el mundo los tiene. Se pagan los más caros colegios y se visten los muchachos con la ropa más lujosa, no por amor hacia el niño, sino porque lo obliga la posición adquirida o que se desea adquirir. Este constante pugilato necesita que la mente esté todo el día

ocupada en toda esa secuencia material. No se le da un instante de pensamiento a lo espiritual, a las condiciones que
van a encontrarse del otro lado, como si esto no existiera ni
fuera preciso considerarlo siquiera.

Del otro lado lo que se encuentra es lo siguiente: El
Cuerpo Físico es una esponja que chupa los excesos
mentales, anímicos y sensorios. La excesiva emotividad
la soportamos porque tenemos un cuerpo que absorbe.
Nadie sabe que esta absorción se convierte en daño a los
órganos y a la piel, que se enferman. Son los achaques
constantes de todos los humanos. Después de la muerte
no hay Cuerpo Físico que chupe y la emotividad incon-
trolada, mal educada, se desboca. El ser está más sensi-
bilizado y siente todo profundamente. Oye todo lo que
dicen de él los que han quedado aquí. Como éstos no saben que el que murió los está oyendo, hablan y desba-
rran, exageran y calumnian a su antojo. El que los
escucha se desespera porque no puede debatir ni desmen-
tir. Pide a grito volver a encamar para quitarse la tortura
y obtener el olvido que da la reencarnación, la inconsciencia de males pasados. Ése es el infierno que acabo de
describir; es el purgatorio si los males se pueden soportar hasta que hayan salido y se hayan retirado. Llega el
día de la muerte y lo que interesa es que la viuda y los hijos hayan quedado bien fondeados, a prueba de miseria o
de estrechez. Se considera que a los muchachos se les ha
dado una buena educación porque se les enseñó a condu-

cirse en la vida con la misma serie de tácticas. Si es mujer, que se case con un chico de esas mismas condiciones. La forma de descansar la mente y los sentimientos agotados, deprimidos a fuerza del clima negativo en que se circula todo el día y todos los días, es dando o asistiendo a una fiesta para levantar el ánimo a fuerza de ésos que llamamos «palos». En vez de liberar karmas, que a eso se ha venido a la Tierra, se acumulan mucho más, los cuales se apelmazan sobre los anteriores ya existentes, formando costras endurecidas que se llaman cristalizaciones. Éstas para ser disueltas requieren terremotos, inundaciones y cataclismos en el Plano en que ellas existen y esto es lo que están viendo las medium videntes, pues los derrumbes que están ocurriendo en el Plano de estas cristalizaciones se deben, primeramente, a la luz violeta que está deslizando en algunas mentes y, segundo, a que está aumentando el número de personas estudiantes de metafísica y, por consiguiente, están negando defectos y afirmando virtudes, lo cual hace que esas creaciones humanas se derrumben. Esto esparce vibraciones análogas que actúan por donde quiera que ellas hacen contacto con otras iguales.

«Como es Arriba es Abajo, como es Abajo es Arriba». Si aquí son imprescindibles grandes maquinarias para desbaratar rocas y cerros a fuerza de golpes, igual cosa sucede con esas construcciones cristalizadas. Necesitan golpes para desbaratarlas: primero, romperlas; segundo, triturarlas, y tercero, limpiar y barrer el polvo. Ahora que en el Plano Espiritual hay una condición más que no hay en lo terreno. Cada monstruosidad de ésas, fabricada por nosotros, por nuestras mentes y nuestros sentimientos tiene vida, piensa, oye y habla. Lo que piensan y dicen siempre está relacionado con el material que se les dio en el momento de su creación. Si fue una creación de furia, de odio y venganza, en el momento en que se le liberta hacia el aire, en el momento en que se desbarata la corteza que la aprisiona en nuestro Subconsciente, ella sale al aire gritando todo lo que la fabricó. Ella no se quiere ir, ése es su creador y lucha por quedarse con él. Los medium claro-audientes las oyen y creen que son personas que los están persiguiendo. Oyen en palabras los pensamientos que ellos mismos tuvieron hacia los demás y, naturalmente, como todo se devuelve, las oyen clamando contra ellos mismos. Ésta, llamémosla persecución, dura un tiempo, mientras la víctima aprende a rechazarla, a negar y a afirmar, a meditar, orar, emplear la llama violeta, etc. Pero si no son metafísicos, ¿cómo lo aprenden? Al fin se retiran, yendo a parar a otras personas para quienes estos estados mentales son necesarios en su evolución. Parece que esto es un contrasentido, pero no lo es. A una persona muy tímida le hace falta un reflejo de decisión y pujanza. Se le dice reflejo a la actuación de esos pensamientos ya formados y establecidos en el Subconsciente. Ustedes ya saben que cada vez que se ofrece una oportunidad propicia el Subconsciente suple el reflejo necesario. Si nuestros pensamientos han sido buenos, correctos, felices, se produce un reflejo de bienestar y se manifiesta una situación feliz. Si han sido negativos, se produce lo contrario. Ahora, por Ley de Acción y Reacción, la excesiva timidez atrae su contrario, la reacción abre el campo para que entre y se aloje la fuerza contraria. En este caso, es un beneficio que aquella creación de violencia, que ha soltado alguien que ya no la necesita, se vaya a alojar en la mente del tímido excesivo, porque la combinación produce un término medio. Cada condición actúa sobre la otra y produce el reflejo que le hacía falta a la persona tímida. Las personas que no son claro-audientes no oyen a sus creaciones clamando contra ellos, pero en cambio sí sienten un malestar horrible de culpabilidad, de terror que no saben explicarse y, como no saben defenderse de aquello que ellas ni ven ni oyen, sufren mucho. Les atribuyen toda clase de razones que no son exactas. Se castigan y se culpan, hablan mucho en sus estados depresivos y esto los empeora. Por esto es que se dice que los iniciados sufren mucho. Pero la Providencia cuida de ellos y encuentran quienes les enseñan estas cosas, encuentran Maestros y a su Cristo. Son iniciados, ya conocen el camino y la forma de actuar. Yo ahora les estoy enseñando para que cuando ustedes se enfrenten a estos estados de conciencia antiguos, de ustedes mismas, sepan a qué atenerse y sepan catalogarlos, sobre todo, que sepan transmutarlos, disolverlos con las luces.

Ahora les diré que por eso hay que preparar al discípulo para que reciba la enseñanza de las luces, porque esta enseñanza es muy potente. Algunos comienzan a limpiarse demasiado rápido y todavía no saben lo que les estoy diciendo hoy. Algunos tienen una reacción fuerte. Esos bajones son estados de conciencia viejos, ya superados. Superados se les llama cuando uno se ha limpiado de ellos, es decir, que han salido de sus cavidades. Ya lo saben, mientras están afuera y recién salidos, embroman mucho. Simplemente hay que decirles: «Retírense en paz, me están molestando y no los necesito más» y aplíquenles la Llama Violeta. Ahora que cada vez que se menciona aquel estado de conciencia del pasado, ustedes saben que el pasado se regresa al presente, los estados de conciencia de aquel momento salen de sus nuevas cavidades y se presentan para ver si tú aún los necesitas, pues siempre prefieren su nido anterior a la nueva casa, hasta que se dan cuenta de que en realidad están mucho mejor allí porque se sienten importantes, necesarios, son nuevos y se enseñorean por ser superiores al ambiente. «Como es Arriba es Abajo, como es Abajo es Arriba». Después que tienen un tiempo habitando su nuevo ambiente, ya uno puede recordar y hasta hablar de un suceso pasado sin que salgan a presentarse esos viejos fantasmas.

Y bien, se me ha comunicado un conocimiento muy importante. Y es que la Conciencia Crística, o sea, el Ser

Crístico de todos los humanos, El Cristo, en una palabra, no es un cuerpo, es una conciencia. Ya saben lo que les enseñé, que «las conciencias» tienen vida e inteligencia. La Conciencia Crística o El Cristo nuestro existe porque en el comienzo de nuestra creación por el Creador, lo que funcionaba en nosotros era esa Conciencia pura y bella. Ella ha quedado en las altas esferas, esperando a que nosotros lleguemos a reunimos con ella. Se llama «El Cristo». Y todos estos Cristos se dirigieron al Tribunal Kármico, que está compuesto por siete entidades de sabiduría, y le pidieron permiso para hacer presión en cada uno de nosotros, limpiándonos de todas las cristalizaciones para poder evolucionar rápidamente, quitando y barriendo del mundo todo lo negativo y estableciendo el Reino de los Cielos en la Tierra lo más pronto posible, pues la Tierra está en un peligro grande de destruirse por falta de luz, como ustedes ya saben. La Tierra está en, lo que llaman los Maestros, un estado recalcitrante y es que los humanos no hacen caso, no quieren cambiar, por más que hacen nuestros guías y Seres de Luz; y los Ángeles y nuestros Cristos están sufriendo, cosa insólita, como ustedes comprenderán. Ése es un estado de caos universal que amenaza. El Tribunal Kármico primero dio permiso para que 2.000 Cristos hicieran la prueba. Somos diez millones de seres humanos entre encarnados y no encarnados y solamente tres mil millones están encarnados a la vez en la Tierra. La prueba dio resultado y el permiso fue aumentado a 20.000, luego a un millón y luego a diez millones.

El motivo por el cual no se pudo dar el permiso a todos los Cristos al mismo tiempo es el siguiente: Si toda la humanidad prorrumpe de pronto en una sed devoradora de bien y de actuación correcta y justa en el actual estado de ignorancia en que se encuentra respecto a las Leyes Inmutables de Mentalismo —Correspondencia, Vibración, Polaridad, Ritmo, Causa y Efecto y Generación—, los pobres, desesperados por saber cómo comportarse, viendo los efectos devastadores de sus actos, sin podérselos explicar, no encontrarían a nadie a quien acudir para que los instruyera y se volverían locos, se suicidarían, etc. Primero había que preparar a los Pastores, los Instructores y Directores espirituales en todos los países. Ustedes son los futuros Pastores que me apoyarán y que podrán explicarles, consolando a todos aquéllos que van a venir a nosotros buscando auxilio en sus angustias; porque angustias horribles van a sentir todos aquéllos que de pronto serán limpiados de siglos de suciedades por sus Cristos. Suciedades que los atormentarán día y noche. Todas las noches pídanles a sus Cristos que las lleven durante el sueño a los Templos de Instrucción de las Luces, en especial al Templo de la Luz Violeta, pues el Maestro Saint Germain dice que está dispuesto a repetir, cuantas veces sea necesario, la Instrucción respecto a la Llama Violeta que será milagrosa contra los males de la Era.

Terminaré esta carta con las palabras del Lord Divino, quien era Instructor Mundial antes de que ocuparan ese oficio Jesús de Nazaret y Kuthumi juntos. Dice así:

En el nombre de mi propia vida y por el poder del ímpetu de mis miles de centurias oficiando, Yo cargo vuestros mundos sensorios con la convicción de que sus Cristos son seres vivientes, inteligentes, más interesados en vosotros que vosotros mismos, ya que os han dado el aliento y os han sostenido durante millones de años con la esperanza de ver la oportunidad de exteriorizar vuestro Plan Divino. ¿No queréis aceptar esto y permitir que este Dios a través de ustedes cumpla su propio patrón de perfección, su maestría y dignidad, su equilibrio y belleza, su armonía y libertad?

El diario vivir

«Yo Soy» la Ley del Perdón y la Llama Violeta transmutadora de toda acción no armoniosa y toda creación humana desde ahora para atrás hasta el momento de mi individualización.

«Yo Soy» aquí y «Yo Soy» allí y yo estoy ahí en toda la Humanidad, de manera que todo lo que yo diga de ahora en adelante incluye a todo ser humano.

«Yo Soy» la Presencia del Dios Todopoderoso que mantiene el Fuego Violeta ardiendo en todo mi ser y todo mi mundo, y me mantiene sellada en un Pilar de Fuego Violeta que transmuta al instante toda creación humana en, a través, en contorno, compresionando contra mí que regrese buscando redención o que yo contacte en cualquier forma.

Mi Amada Presencia transmuta toda imperfección que yo pueda haber creado y con la autoridad de «Yo Soy» me repone toda la fuerza y la perfección que yo deseo.

«Yo Soy» ahora el Ser Ascendido que estoy deseando ser. «Yo Soy» la Presencia conquistadora y yo ordeno a mi Amada Presencia que gobierne perfectamente mi mente, mi hogar, mis asuntos y mi mundo.

«Yo Soy» la Magna Energía Electrónica que fluye, que llena, que renueva cada célula de mi mente y de mi cuerpo ahora mismo. En el nombre, por el poder y la autoridad de la Amada Presencia y del tres veces tres.

«**Yo Soy**» la Resurrección y la Vida de toda la perfección en mi corriente de vida.

— de mi eterna juventud y belleza;
— de mi agilidad y frescura;
— de mi perfecta visión y oído;
— de mi perfecta salud;
— de mi fuerza y energía ilimitadas;
— de mi dentadura perfecta, de mi piel, de mi estructura ósea;
— de mi perfecta simetría;
— de mi fondo ilimitado de dinero;
— de todo lo perfecto en mi mundo y de mi vida;
— de todas las facultades de mi cuerpo causal;
— de mi Plan Divino cumplido ya.

Yo pido ser protegida contra todas las intromisiones que por necesidad atravieso, estoy envuelta en mi círculo electrónico eternamente sostenida, porque «**Yo Soy**» el Fuego Sagrado.

Todo lo que se me acerca es ahora y siempre transmutado en mi aura, porque yo no estoy aquí para cumplir un lapso karmático; yo estoy aquí para irradiar y permanezco intocado por toda vibración menor.

«**Yo Soy**» mansa y humilde de corazón.

«**Yo Soy**» el Amor Divino, la Inteligencia Divina, el Poder Divino, el Equilibrio y el Aliento Divino.

«**Yo Soy**» la riqueza, la elegancia, la alegría, la felicidad.

«**Yo Soy**» el cuerpo de **Cristo**.

«**Yo Soy**» la Triada.

«**Yo Soy**» todas las nobles facultades, talentos y virtudes.

«**Yo Soy**» la pureza inmaculada que mantiene impecable mi cuerpo, mi ropa, mi hogar, mi conciencia y mi mundo.

«**Yo Soy**» el Camino, la Verdad y la Vida.

«**Yo Soy**» la puerta abierta que nadie puede cerrar.

«**Yo Soy**» todo lo perfecto contenido en mí.

«**Yo Soy**» el único Poder contenido en mí, la única Presencia, la única Armonía.

«**Yo Soy**» una con el Padre.

«**Yo Soy**» la Presencia Guardiana que nada ni nadie puede afectar, asustar, ni desagradar.

«**Yo Soy**» **Dios en acción**.

**Todo esto reconozco y pido para todos
mis hermanos humanos.**

¡Gracias, Padre!, que me has oído.

Habla Conny Méndez

*E*n vista de la llamada que nos hace el Amado Avatar Acuarius (Ascendido Maestro Saint Germain), Conny Méndez nos ha preparado una lista de Decretos para ser usados diariamente tres veces: al despertar por la mañana, a mediodía y al acostarse por la noche. Hay que dedicar estos diez minutos cada vez para contribuir a la salvación de nuestro planeta. Dice Conny:

«Tú has sentido y escuchado el latido de tu corazón, ¿verdad? Tú conoces el gran secreto del Átomo Permanente dentro del corazón, ¿verdad? Tú sabes que dentro de ese Átomo están las tres llamitas conocidas con el nombre de Llama Triple. Tú sabes que, cuando a alguien se le ocurre bendecir ese Átomo, se rompe la capsulita en que están encerradas las tres llamitas y ellas surgen. Estén o no estén despiertas estas tres llamitas, tú debes saber que los latidos del corazón comprueban que la persona está viva. De manera que ese movimiento o latido significa **vida**. ¿Cómo llamamos los Metafísicos a esa **vida**? **Dios, Dios** es **vida**. **La vida es Dios**. De modo que hasta los ateos saben que lo que hace latir el corazón es **vida**.

Nosotros sabemos que con cada latido del corazón nos entran toneladas de energía, energía pura. O sea, **vida**, **verdad**, **amor**, **inteligencia**, **poder**, **fuerza**, **salud** y cantidad de virtudes como la Justicia y l a Consideración, la Paciencia, la Fe, es decir, **todas las virtudes**, ya que todas derivan de las Tres Grandes: Amor, Inteligencia y Voluntad (o Poder) que son la Llama Triple y sabemos que todo eso es **Dios**, o sea, la **Amada y Magna Presencia de Dios**, dentro de nosotros.

Bien. ¿De dónde vienen esos latidos o esas toneladas de energía? De arriba, de la Presencia que las hace bajar por el Cordón de Plata, entrando por el Chakra Coronal hasta el corazón. Todo esto es a manera de recordatorio para entrar en materia».

El secreto del dominio
y la maestría

*B*ien, ahora toma el Secreto del Dominio y la Maestría:
Cada vez que veas u oigas o sepas de algún defecto ajeno,
bien sea algo que te moleste, te choque o se comente frente a ti, que lo leas en los diarios, que ocurra ante tus ojos,
etc., en lugar de comentarlo, en lugar de repetirlo, en lugar
de pensarlo una y otra vez, **aquiétate un momento y piensa en el corazón** de la persona o de las personas involucradas. Recuerda los latidos de su corazón. Es importante que
permanezcas quieto y en esa contemplación por unos momentos. No dejes de recordar que su corazón está latiendo
idénticamente y al mismo tiempo que el tuyo. Lo que va a
ocurrir primeramente es que te vas a sentir tranquilo. Tal
vez te darán deseos de suspirar. ¿Sabes lo que está ocurriendo? Pues ha ocurrido un milagro maravilloso. Tu corazón y el de la otra persona se han sincronizado, se han
puesto a latir juntos, conjunta y voluntariamente, a pesar de
que ese otro no sepa nada de lo que tú estás haciendo. Te
diré. Tal como dice el Maestro Saint Germain. «Allí donde
está tu atención, allí estás tú». En aquello te conviertes. ¿Lo
recuerdas? Pues has entrado en el corazón de aquel hermano y, como tú eres el más espiritual o adelantado, con tu vibración superior has dominado su vibración menor. Lo has
puesto a latir al ritmo tuyo. Si pudieras ver lo que ha ocurrido en su vida y en su alma, verías que le has puesto en

paz, le has borrado su mal humor, le has vuelto dulce, bien dispuesto; y, como tú sabes, en ese estado de ánimo es que pueden bajar los dones de la **Presencia**, las manifestaciones positivas, entonces, la reacción del Cristo se hace instantánea porque la propia persona ha dado tiempo para que Su Cristo pueda oír y responder. Es decir, que tú, al obedecer el Salmo 46 que dice: «Aquietaos … y sabed que Yo Soy Dios», has puesto en práctica lo que dice el Salmo y has devengado el resultado que promete.

…«Aunque tiemble la Tierra…
Aunque conmueva el seno del mar…
Aunque se espumen y agiten las olas…
Aunque retiemblen los montes a su empuje…
Túrbense las Naciones… Vacilen los Reinos…
No temeremos porque en medio está Dios».

¿Te diste cuenta de que el Salmo describe precisamente cataclismos terrenos y marítimos y guerras? ¿Te diste cuenta de que describe lo que estamos estudiando aquí? **¿Qué es instantánea la acción de Dios en el Santuario en donde mora el Altísimo?** ¿Cómo lo hace? Dice que «un río con sus brazos alegra la Ciudad de Dios, el Santuario donde mora el Altísimo». Tú sabes que el Lugar Secreto del Altísimo es la Conciencia del «Yo Soy». Hoy hemos nombrado ese río. «La Corriente Positiva». Es la corriente que tú estableces desde tu pensamiento y tu corazón hasta el corazón del hermano a quien estás tratando. Es como te he dicho, instantáneo.

Por ejemplo, voy a decirte que es allí donde dice el Maestro Saint Germain que tenemos que actuar rápidamente en las emergencias y cambios repentinos, que tenemos que estar atentos y alertas para poder atender la emergencia de inmediato y demostrar nuestra buena voluntad de ponernos a sus órdenes, reuniéndonos inmediatamente para entrar en contacto y actuar dinámicamente; si vamos a actuar así, no podemos perder el tiempo en largas meditaciones. El Maestro dice que entretanto el Cristo y la Amada Presencia están esperando mano sobre mano a que tú termines para comenzar a actuar. De modo que aquí les doy varios decretos cortos, dinámicos, potentísimos, que actuarán enseguida, con la velocidad del rayo. Debes usarlos tres veces diarias: Por la mañana al levantarte, al mediodía y por la noche al acostarte. Llévalos siempre contigo, por si te ves en una emergencia y tienes que actuar rápidamente, trata de memorizarlos, para que no dependas de ningún papel o libreta, pero estate listo, alerta, para entrar en acción cuando sea necesario.

Empieza limpiándote con el tratamiento de tratamientos:

*«Yo Soy» la radiante, brillante **presencia de Dios** sin limitación, sin tiempo ni edad, sin impureza y sin imperfección. «Yo Soy» el océano de **Luz Purísima** donde tiene su vida todo lo que contacte mi ser.*

Segundo paso: Piensa en el corazón de toda la humanidad, en sus latidos y siente que esos corazones se hacen **Uno** con el tuyo. Di:

*«**Yo Soy**» aquí, «**Yo Soy**» allá. «**Yo Soy**» el Poder, la Inteligencia y el Amor Divino. AMADA PRESENCIA, te invoco a la acción.*

*El Poder de mi Presencia «**Yo Soy**» es una sustancia autoluminosa que irradia en todas direcciones al yo invocarla.*

Si algo ocurre que te perturbe:

*«Invoco el Poder de mi Presencia «**Yo Soy**» para que me de el autodominio, «**Yo Soy**» el aplomo que controla todo. «**Yo Soy**» la única Presencia, el único Poder aquí.*

No vaciles en invocar la Presencia a la acción, en otros:

*«**Yo Soy**» el Maestro Interior que gobierna y controla todos mis procesos mentales en perfección Crística.*

*«**Yo Soy**» la Presencia Positiva, la Corriente Pasiva, la Acción Positiva en todas partes.*

Contra todo impulso negativo:

«Yo te borro al instante, yo te quito todo poder, tú no puedes afectarme ni a mí ni a mi ambiente».

Yo ordeno a través de mi Amada Presencia que esta situación sea ajustada y que se manifiesten el orden y la armonía.

Donde quiera que yo me encuentre, mi Presencia en el Universo es un constante brotar y emanar de Luz, Vida, Verdad y Liberación hacia todo lo que yo contacte.

«Yo Soy» la imagen y semejanza de Dios. «Yo Soy» la perfección y califico mi mente, mi cuerpo y mi mundo con perfección.

*Aquí estoy, **Amada Presencia**, úsame hoy, en Tu Nombre, por Tu Poder y Autoridad.*

Amada Presencia, localiza, en donde quiera que se encuentren, a aquellos seres o animales a quienes yo haya podido dañar en cualesquiera de mis vidas pasadas y transmuta todo daño, récord y memoria con la Llama Violeta consumidora.

Yo le quito poder a todo lo que no sea mi Amada Presencia. A ella le doy el único poder de actuar en mí.

«Yo Soy» todo en todo al decir la fórmula «Yo Soy».

«Yo Soy» está en todas las cosas y este reconocimiento basta para armonizar totalmente todo, especialmente esta apariencia.

«Yo Soy» la Ley del Perdón y la Llama Violeta transmutadora que consume toda la energía mal usada por mí desde mi individualización. Uno mi corazón al latido del Corazón Universal.

En el nombre de mi Amada Presencia «Yo Soy», por el Poder y la Autoridad que me confiere yo desbarato esto.

(O sea, cualquier apariencia negativa.)

Mensaje

No nos ha sido revelado cuándo ni dónde ocurrió el Concilio de Maestros que vamos a relatar. Sólo sabemos que fue en los Montes Himalayas, que una Entidad Cósmica superior a los Maestros dio las pautas y que tenemos algunas de sus palabras.

Primeramente, dio el permiso para enseñar la Ley del Uno y el «Uno con Dios es la Mayoría». Dijo, además: «un solo hombre o una sola mujer plenamente conscientes de esas máximas y centrados en su Divinidad, radiando en plenitud, pueden salvar al mundo». De allí ordenó formar grupitos hasta el número de doce, que las radiaciones que emanara el grupo atraerían a otros sin que hubiera que pronunciar una sola palabra. Así se iría formando una multitud y en cada doce grupos se formaría el décimotercero, que sería la piedra angular o corona que cierra la pirámide. Es la pirámide simbólica del Ideal Crístico en el hombre, o sea, su formación completa.

Al consolidarse los doce grupos en uno solo, junto con su décimotercer grupo, una persona de cada uno de los doce grupos sale para asistir a formar otros doce grupos. Multiplicando esta formación por doce, da el número 144 mencionado por el Apocalipsis. No habrá que esforzarse en efectuarlo. Todo es matemático y automático, por or-

denanza superior. Cuantas más personas se vayan aña-
diendo, se vuelven a esparcir y reunir en grupos de doce.
Así se va formando la Gran Pirámide que, por orden de
doce, rodeará toda la Tierra.

No se dieron órdenes de formar organización defini-
da ni de imponer reglas fijas. Cada discípulo que recibe
la radiación se organiza él mismo interiormente y es
atraído por uno de los grupos.

Esto es lo que ha ocurrido y continúa ocurriendo con
la Hermandad Saint Germain y la Enseñanza Metafísica
con sus Tres Ciclos de aprendizaje. No poseemos dog-
mas, ni reglas fijas. No tenemos organización exterior en
forma de sede, local, etc.; por lo tanto, no existen compli-
caciones de salarios, pagos, ni trámites comerciales que
suelen convertirlo todo en un negocio.

El único requisito para formar parte de estos grupos
es el de representarse a uno mismo el Ideal Crístico en los
principiantes; la Amada Presencia «**Yo Soy**» en los de
Segundo Ciclo, pues estas dos formas representan una
misma Verdad. Luego darlo, enseñarlo y difundirlo al
mundo en pensamientos, palabras y acciones. La Hermandad comienza a darlo en el Capítulo Tercero del librito número 1 (Metafísica al Alcance de Todos), titulado
«La Fórmula Infalible», y al inicio del Segundo Ciclo, en
el Librito número 3 (El Maravilloso Número 7), Capítulo 5, titulado «Los Siete Rayos», se entra en la descrip-
ción del **Yo Superior** en términos más avanzados.

La gran Entidad Cósmica, que ordenó todo lo anterior, añadió: «Así se va uniendo al gran grupo y cada miembro que eleve su mente al Cristo sea en su casa, en la calle, en su santuario, o en el último rincón de la Tierra, será Uno con Dios, y todos los hermanos **Uno** con él, pues el Cristo, o la Amada Presencia, o el **Yo Soy**, son el factor determinante que hace que el cuerpo responda a las vibraciones crísticas. Por Ley del Ritmo, estas vibraciones se esparcen a todo el globo terráqueo, se multiplican, y la influencia es llevada en una gran marea e pensamiento».

La razón por la cual esta enseñanza permanecía recluida hasta ahora es porque la Era de Piscis era negativa, material; pero ahora será mundialmente conocida. No será necesario una Cabeza. Sólo la Deidad de toda la Raza Humana, una en y con Dios. No es, pues, preciso formar secta, ni local, ni organización propiamente dicha, **sólo lo que obligue el Orden y la Armonía de los Grupos.**

Con esta unión, las fuerzas negativas, siniestras, espiritistas, astrales, psíquicas **no pueden**. La Magia Negra **no puede**. Y poco a poco se irán trasmutando las rebeldías y los rebeldes. No pueden las creaciones humanas estar por encima, ni siquiera coexistir. No es necesario usar fuerzas contra el mal que emanan las vibraciones inferiores. Con una sola voz que diga ¡**no**!, se impondrá el orden, ya que todos están unidos y responden en unión.

Ante cualquier influencia negativa, nefasta, nacional, mundial, universal o simplemente personal o ambiental, todo lo que hay que hacer es declarar mental o verbalmente: «Por el Poder del Cristo en mí, me dirijo al Cristo en ti y le recuerdo que tú eres Orden Divino, o Inteligencia, o Vida, o Provisión. (Hay que mencionar la Verdad Espiritual del caso o condición, sin recordar para nada la apariencia negativa que se esté manifestando.) Hermano, concentro todas las vibraciones negativas que tú hayas producido y envolviéndolas en amor, te las devuelvo con mi bendición».

No tendrás que levantar un dedo. No tendrás que pronunciar otra palabra, y será mejor que no comentes el caso con ninguna persona. Verás desaparecer toda señal de lo ocurrido, pues si acaso al culpable se le ocurre resistir tu envío de amor, se destruirá él mismo. Pero sabrás que **esto no será responsabilidad tuya. Es la Ley de Dios actuando**.

Noticias maravillosas
provenientes del Maha Chohan
en su carta semanal

*E*l ser humano, no importa cuan débil sea, no importa cuan limitado se encuentre, no importa cuan atrasado se sienta, posee lo que llamamos el **Poder de Invocación**. Esto significa que al enfocar la atención en algún Ser Espiritual, bien sea Maestro Ascendido, Entidad Luminosa o Dios mismo en cualquiera de sus representaciones, logra instantáneamente que la Entidad se traslade a su lado, con todo Su Momentum Cósmico (que siempre es mucho más amplio que la Tierra), y lo grande es que atiende a la Invocación, aunque se encuentre en el punto más lejano del Universo interestelar, como dice Saint Germain, «aunque yo esté fabricando una estrella». Además, permanecerá irradiando todo el tiempo que se le necesite.

Aquellos chelas que encuentren muy difícil arrodillarse mentalmente ante su Cristo Interior, que usen el Poder de Invocación con la atención centrada en su idea personal de Dios. Esto les ayudará a desarrollar la Conciencia Crística. Muchos creen que ésta se desarrolla por medio de la fuerza de voluntad. No es verdad. Ésta no sirve sino para mantener fija la atención en Dios. Te repito el consejo: Suéltalo todo y déjaselo a Dios.

Segunda Noticia Maravillosa. Creo que ustedes ya saben que dos veces por año, en junio y en diciembre, se reúne la Gran Hermandad Blanca en un Cónclave que tiene lugar en el Royal Teton. También se les permite la entrada a todos aquellos discípulos que colaboran conscientemente con la Hueste Ascendida de Luz. Éstos tienen permiso de exponer toda idea, diseño, plan, inspiración que trate del Bien para la Raza Humana. Todo esto debe ser de naturaleza impersonal. Muchos son escuchados y aceptados y se les presta toda la ayuda que necesiten para llevar a la práctica su idea.

El último Cónclave tuvo lugar el día 30 de junio pasado, y unos días antes, el 22 de junio, el Maestro Lanto anunció el regreso del Maestro Saint Germain de su retiro en el Gran Silencio. Dijo que se encontraba en el Gran Teton para asistir al Cónclave y que, después de la Conferencia de julio, en el Puente de la Liberación en Long Island (Shamballa Físico), se revelaría todo lo que nuestro Amado Maestro había logrado en el Gran Silencio.

La carta del día 6 de julio pasado nos trae a la Hermandad Saint Germain un párrafo que nos llena de satisfacción. Dice así: «Los buscadores de la Verdad Espiritual en el Planeta Tierra, que ingresan en uno u otro grupo o enseñanza, cuando logran conectarse con los que estén enseñando la existencia de los Maestros Ascendidos y, sobre todo, la Causa Universal **Yo Soy** (**I am**), han dado el gran paso que los separa de los Buscadores para entrar en el escalón de los **Elegidos**, o sea, de los que **ya encontraron**. Éste es el proceso seguido por los Grandes Maestros».

(Como verán, esto nos garantiza que nosotros estamos en el verdadero Sendero que nos lleva a la meta que buscan todas las Sectas: Hacer contacto con nuestro Dios Interno y su Corte de Grandes Entidades Luminosas.

La mayoría sólo logra presentarle a sus seguidores un ser actual, dizque representante de Dios en la Tierra, y un rito de adoración a su humanidad. No se dejen embaucar por estas prácticas que retardan y retrogradan. Todo eso es arcaico y obsoleto.)

La **Tercera Noticia Maravillosa** es de una oportunidad que, naturalmente, no es casualidad sino causalidad. Vino en la carta del día 27 de julio, como para corroborar el Mensaje que recibí y del que hablé en seis diferentes Agrupaciones Metafísicas a propósito del Plano recibido por los Contactos de los Extraterrestres. Claro está que ellos sí recibieron el Mensaje que repartieron, pero está mal interpretado. El Mensaje mandaba que todo el que pudiera se fuera para el Territorio Amazonas para liberarse de los «cataclismos» que ellos esperan que ocurran, por ejemplo, en Caracas. Yo les tranquilicé explicando que no les estaban enviando a ningún territorio en la Tierra. Que lo que recomendaban era invocar a la Diosa Amazonas, complemento Divino del Elohim Hércules, de la Llama Azul, Representantes de la Voluntad y Protección Divina, y ofrecí como comprobación las promesas dadas en el Salmo 91. Ahora verán.

La Diosa Amazonas, complemento del Elohim Hércules, dice que la forma mental para la Sesión a que se
refiere es un Puente de Luz conectando el Shamballa Físico con el Shamballa Etérico y que encima brilla un letrero que dice «**la Verdad es**», lo cual ella explica:
«Cuando la Verdad se nos presenta nublada por la conciencia humana, afirmen lo que dice el letrero: «**la Verdad es**», y verán la Verdad manifestarse porque es
Esencia de Dios y lo están invocando». Inmediatamente,
ella añade: «**Mis preciosos hijos de la tierra: vengo a
decirles que el hecho de que yo sea complemento de
Hércules, ser fuerza, fuego y poder, no quita que también soy un ser de amor** y que yo no vengo a esta atmósfera para darles palabras de fuego. Yo estoy aquí
como amiga de ustedes. Ya que el Cielo se encuentra
dentro de ustedes, yo estoy en el corazón vuestro, si es
que me quieren aceptar».

**Respecto al «transplante» al Territorio Amazo-
nas,** es natural que malinterpreten el mensaje ya que en
esa dimensión donde reciben los mensajes no conocen ni
remotamente la existencia de los Ascendidos Maestros,
los Elohims, sus Complementos ni Llamas Gemelas,
cuando ni siquiera tienen noticias de existencia de la Llama Triple, ni la Llama Violeta, Llama Azul, Dorada, Rosa, Llama Blanca, Verde, Oro-Rubí ni de los Directores.
Todo esto es estrictamente de la Sexta Dimensión, que
precisamente ellos confiesan desconocer.

La **Cuarta Noticia Maravillosa** la dio la Diosa Amazonas seguidamente: «La semana pasada en el Royal Teton el Maestro Saint Germain fue convocado por el Tribunal Karmático a su regreso del Gran Silencio y en la persona Augusta de Kuan Yin, en toda su Majestad, Dignidad y Amor, le fue concedida una petición que trajo del Gran Silencio: (…) Saint Germain, Hijo de Dios, —dijo Kuan Yin—, te hemos concedido una dispensación que hinchará de gozo tu bendito corazón. Sabes que hasta ahora todo poquito de energía concedida a los chelas tenía que ser completa y equilibrada por nosotros los de la Hueste Espiritual. Ésa era la Ley kármica. Esa Ley ha sido puesta de lado y toda energía que los chelas del Puente a la Liberación quieran donar será **duplicada**». ¿Saben ustedes lo que hizo Amado Saint Germain? ¡Cayó de rodillas para dar las gracias! Dense cuenta de que nosotros en estas regiones éramos responsables por todo lo que ustedes pidieran y teníamos que hacer el balance nosotros. Ahora cada vez que ustedes hacen un decreto, sea para asuntos personales o en pro de la humanidad, recibirán el doble de la energía que ustedes expiden. ¡Cuánto amamos nosotros a ese Maestro! Ahora prueben ustedes cuánto lo aman. Lancen la energía de ustedes en pro de la redención de esta «Dulce Tierra», como la llama el Maestro Saint Germain, bien sea en decretos, en música o en oración silenciosa, y recibirán el doble de la energía empleada. Esto acelerará la Era de Oro y volverán al Planeta Tierra a su original Perfección.

Espero, hermanitos y hermanitas, que esto aclarará totalmente «La Verdad que ES» respecto a los «cataclismos», la supuesta destrucción de esta Dulce Tierra, que ahora está más preparada que nunca para ser redimida y regenerada y nunca destruida.

Dice Maha Choan, en carta reciente, que la cosa más fácil de mundo, es ver, oír, sentir a los Ascendidos Maestros o a cualquier entidad cósmica.

Que todo lo que hay que hacer es pensar en aquel que escojamos. Mirar su lámina o retrato, leer sus palabras o mensajes y, mentalmente, contemplar o visualizarlos. Yo agrego que hay que conversar con ellos y que hay que invocarlos tal y como hacemos en la Tierra cuando llamamos a alguien por teléfono, pues Como Es Abajo Es Arriba. «Hola, Amado Maestro Saint Germain, ¿cómo estás? Ven a hacerme una visitica» etc. Dense cuenta de que aquél es un mundo puramente mental. No hay sino vibraciones, aunque Ellos dicen que se ven unos a otros sólidos como nosotros nos vemos. Los pensamientos tienen color y formas geométricas, como los copos de nieve. Anni Besant tiene un libro que los enseña. Se llama Formas de Pensamientos.

Cuando se mira la efigie de un maestro en alguna lámina, sale un rayo del corazón y la mente del que lo miró hacia aquel Maestro o Entidad, o sea, hacia el reino de actividad del personaje. El Maha Choan dice textualmente que el concentrar la mente en un Maestro en la forma descrita es entonar la vibración con la de Él y, de hecho, se entra en la conciencia del Maestro y se comienza a absorber Su Experiencia, Su Luz, Su Sabiduría, Su verdad. Es la realización de la afirmación «**Yo Soy aquí, Yo Soy allí**».

Vamos a hacer conciencia de esto. Comenzando por la afirmación, que no nos puede fallar ya que está basada en «**Yo Soy**», pongamos primero la lámina de la Presencia frente a nuestros ojos. Pongamos más abajo el retrato del Maestro o Entidad que deseamos contactar. Ahora pensemos en Su Llama Triple, en Su Corazón y repitamos al mismo momento «**Yo Soy aquí, Yo Soy allí**». A voluntad se puede leer alguna práctica o mensaje de la Entidad para aumentar las vibraciones apropiadas.

No es que todo esto sea necesario. Es conveniente nada más. Porque es tan instantánea la contactación que a los **medium** les sucede que en cuanto piensan en una persona que no está encarnada, se les presenta. Yo lo pude comprobar a cada instante cuando Coromoto estaba conmigo. No solamente las personas desencarnadas. Una vez me puse a hablarle de mi hijo que vive en Miami y me dijo ella «Aquí está presente». No sé si él estaría dormido en ese momento, pero no lo creo. Era en horas de trabajo. Nuestro Doble Etérico como que se desdobla y acude a donde lo están nombrando ¿Cuántas veces se siente uno un poco ausente, o se adormece, o que pierde el contacto con lo que tiene presente? A mí me ha ocurrido mucho. Dos ejemplos: con Nenena y en el matrimonio del hijo de Mary; en el primero me di cuenta yo, en el segundo lo supieron los demás.

Si haces este ejercicio escogiendo el momento en que no se te interrumpa, creo que verás, oirás y sentirás algo maravilloso.

De extraordinaria importancia también es el ejercicio que a continuación te daré, recomendado por el Maha Choan. Te darás cuenta cuando te diga que Él comienza su enseñanza con estas palabras: «La mayoría de los discípulos son prisioneros dentro de sus propios cuerpos…, no es posible decirles con demasiado énfasis que para libertarse del cuerpo y, sobre todo, libertarse de las emanaciones mentales de los demás, no hay como traspasar la conciencia a la **Presencia**. Es ponerse íntegramente en la Presencia».

Cuanto más hagas esto, más te liberas de tus vehículos inferiores y te conviertes en **Tu Presencia**, o sea, **Cristo en acción**. Verás.

Al principio, como el estudiante no tiene ni una vaga idea de cómo siente la Presencia, o sea, **cómo siente Dios Mismo,** hay que pedirle a algunos Maestros que nos impregne del sentir de la **Presencia**. (Yo agrego aquí algo que encontré en los escritos de Jorge Adoum: **Yo Soy el sentir Divino en mi cuerpo y en mi alma**.) Y a propósito, me comenzó una picazón en la palma de la mano izquierda, tan intensa, que tuve que interrumpir mi trabajo, como suele sucederme, para tomar el lápiz y recibir lo que se me esté enviando en esa forma. Vino lo siguiente «**amanece**». **Se irá descifrando y divulgando el sentir divino inmensamente rico. Enseguida se te comunica.**

Lo más importante en nuestra vida es tener la conciencia conectada con el Plano Espiritual. Que a la menor provocación pensemos en la Presencia. Repito: **Que a la menor provocación en el plano humano, terrenal, llevemos nuestro pensamiento a la Presencia.** Ella irá imponiéndose entonces. Me lo acaban de decir. El Sentir Divino inmensamente rico, o sea, rico en toda la Sustancia Divina, todos los tesoros del Reino, todo lo que nos pertenece como Hijos de Dios que somos. Todos los recursos traten por todos los medios de **vivir** en el Plano Espiritual. Cuantas veces puedan **visualícense** metidos en el centro de la figura de la Lámina (señalo). Háganlo ya para que capten lo que quiero decir. (Pónganse a hacer el ejercicio de imaginarse en otra parte.)

El Maha Choan termina diciendo: «Esto debe repetirlo y repetirlo el estudiante, ya que de esta manera se le van entregando a la Presencia los vehículos inferiores, y desconectándose el individuo de la acción vibratoria de las masas del planeta. Cuando tus cuerpos inferiores se hayan hecho propiedad de la Presencia, tú serás definitivamente el Cristo en acción. En todo momento…».

Como ves, me parece lo más importante en nuestras vidas. Personalmente les diré (y disculpen la alusión personal) que desde que Yo he aumentado mi estancia consciente con **mi Presencia** me encuentro en una constante paz muy especial. Nada de lo exterior me afecta. Como quien dice «Estoy viendo los toros de lejos» y puedo trabajar por los demás con gran claridad mental sin que se me devuelvan las ondas ajenas.

El Gran Secreto Metafísico
de la Felicidad

*P*arecería que esta receta fuera difícil de poner en práctica, pero no es cierto. Basta con ensayarla una sola vez para que no se vuelva a olvidar. Ahora, antes de comenzar a poner en práctica los puntos enumerados, hay que hacer el siguiente Decreto:

**Con una sola vez que yo ensaye
lo que aquí digo,
no se me volverá a olvidar jamás**

1. **Yo** no hablo, ni permito que se me hable nada contrario a la Perfecta Salud, la Felicidad y la Prosperidad.

2. **Yo** le hago sentir a todo ser viviente que lo considero valioso.

3. **Yo** le busco el lado bueno a todo lo que me ocurre y a todo lo que veo ocurrir a otros.

4. **Yo** pienso en todo lo mejor. Espero todo lo mejor. Trabajo únicamente por lo mejor.

5. **Yo** siento igual entusiasmo por lo bueno que le ocurre a otro que por lo que me ocurre a mí.

6. **Yo** olvido mis errores del pasado y sigo adelante a mayores triunfos.

7. **Yo** llevo una expresión agradable en todo momento y sonrió a todo ser que contacto.

8. **Yo** no tengo tiempo para criticar a los demás, ya que paso tanto tiempo mejorándome.

9. **Yo** me hago tan fuerte que nada puede perturbar la paz de mi mente.

10. **Yo Soy** demasiado grande para preocuparme. Demasiado noble para enfurecerme. Demasiado fuerte para temer. Demasiado feliz para permitir la presencia de algo negativo.

Carta al Grupo de Instructores

Anoche, al preguntarme una de mis «guías» que a qué llamo yo «ungirse antes de una charla, clase o conferencia», ofrecí explicarlo luego, pero se interpusieron varios temas y se pasó el tiempo. Ahora, como considero la pregunta de gran relieve, se lo explico por escrito ya que así podrán conservarlo e impartirlo en clases, en su oportunidad.

Desde el mismo instante en que alguien se dispone a dar una clase de Metafísica, los Maestros y Seres de Luz también se disponen a darle ayuda y protección. Por eso es que el Instructor siente que las palabras fluyen a través de él sin esfuerzo y que puede contestar preguntas que él no tenía idea que conocía anteriormente. Esta asistencia debe ser no solamente agradecida, sino reconocida y aceptada amorosamente de antemano. Con un acto de nuestra voluntad la afirmaremos más o menos en los términos siguientes (y el mejor momento es aquel en que nos estamos alistando físicamente para salir a dar la clase o charla).

Haciendo una pausa momentánea, nos «recogemos», o sea, que enfocamos la atención en los latidos del corazón, visualizándolo rodeado de sus tres Llamas. Una vez que sintamos el pálpito, subimos suavemente deslizando el pensamiento por el cordón de luz que lo conecta al centro y tope del cráneo, viendo allí, en imagen, la gran Luz de la Amada Presencia «**Yo Soy**». Ahora se busca conscientemente el sentir de Su Amorosísima Compañía y amándola se le dice:

> Amada Presencia: Te ofrezco este servicio que voy a cumplir. Dirígelo, guíame, usa éste tu vehículo. Invoco a los Amados Maestros que deseen asistirme, agradeciéndoles su amorosa colaboración. Me encierro en mi círculo electrónico impenetrable y cierro el aura de la clase contra toda vibración discordante. **Yo Soy** manso y humilde de corazón y deseo que la Llama Violeta transmute toda tentación de orgullo espiritual.

**Gracias, Padre,
por esta oportunidad
de servirte**

Ya estás ungida. Trata de permanecer en paz y evita toda molestia que pueda sacudirte o apartar tu conciencia de tu Amadísimo Acompañante hasta que estés en clase.

Ésta no es sino una recomendación que queda sujeta a tu libre albedrío, pero es también la práctica para acelerar esa «Unión con el Íntimo» que tanto mencionan los textos sagrados. La búsqueda de sentir la Amada Presencia, la tilda el Maestro Fox de: «Un tanteo, como quien busca a ciegas en una habitación oscura». Esa misma expectativa hace encontrar el objetivo.

Es muy importante recordar la invocación a la Llama Violeta para transmutar el orgullo espiritual, como ustedes bien lo saben, pero aquel que es infestado de ese gusanillo, es el que menos lo reconoce. Por eso es indispensable estar alerta y siempre prevenir. Uno de los indicios de que se está infiltrando es el siguiente: Cuando te encuentres tomándote muy en serio, adoptando una pose de alta autoridad, levantando la voz mandatariamente, bájate volando de ese pedestal de tu propia hechura. No eres sino otro discípulo que alarga su mano para ayudar al que viene más atrás. Además, te advierto que todos los que están escuchando reciben con diáfana claridad el tongoneo inconsciente que despliega todo aquél a quien se le sube a la cabeza su propia importancia. Los demás lo perciben en la medida que él mismo lo ignora. Para contrarrestar ese «gusanillo del orgullo espiritual» (que así lo bautizó el Maestro Kuthumí) recomiendan, el Maestro Saint Germain y el Dr. Fox, encontrar algo de que reírse y burlarse de uno mismo antes de las doce del día. Como también recomienda enseñar sonriendo, introducir a menudo el chistecillo, y esta humilde servidora recomienda altamente el servirse del refrán criollo, del cuento casero, de las vueltas de frase voluntariamente humorísticas, del ejemplo caricaturizado; en fin, de todo lo que pueda mantener el Espíritu liviano y el corazón alegre.

¡Entérate que te interesa!

Esta información constituye una síntesis, muy breve, **de lo que la jerarquía espiritual o Hermandad Blanca ha transmitido.**

Como inicio copiaremos exactamente parte de estos Mensajes, comenzando por lo que dijo nuestra Amada Guía Espiritual, **Conny Méndez**, en el año 1978 cuando dio su información en una de las charlas dictadas en la Biblioteca Paul Harris, por la hermana **Carola de Goya**. Todo ello es «**de inmensa importancia** para la gravedad del momento que estamos viviendo».

«Ya todo el mundo sabe que a nuestro Planeta le espera **una iniciación** (y es así como debemos considerarlo); pues no debemos fijar nuestra mente en figuras negativas. Esa Iniciación es lo que La Biblia ha tildado de «Apocalipsis»; lo que el mundo se empeña en llamar cataclismos, etc. Es verdad que algunos no lo van a pasar agradablemente, como por ejemplo, el paso del gigante llamado **Hercóbolus** que viene en dirección de la Tierra a una velocidad vertiginosa y que se espera en el año 1982. Por eso les hago esta página de Instrucciones; para que todos los que puedan se pongan a salvo y enseñen al mayor número posible de hermanos y prójimos».

…«En estos momentos, la venida de Asthar y los Hermanos Mayores, llamados «Extraterrestres», se debe al acontecimiento que está pendiente de la Próxima venida de Hercóbolus, que es un cuerpo que se está dirigiendo hacia la Tierra y llegará en el año 82. Aunque es la verdad que La Biblia anuncia en el Apocalipsis que el sol se oscurecerá y habrá una nueva Tierra, un nuevo cielo, Hercóbolus es tan grande que va a eclipsar al sol y nos pondrá en las tinieblas. Es lógico pensar que una inmensa mayoría va a enloquecer de pánico cuando esto ocurra. Sí, creemos que habrá un cambio muy grande en la Tierra y en el mundo humano».

Si el viaje a la Luna efectuó cambios en el carácter y la psiquis de los astronautas, es razonable aceptar que se operarán cambios apreciables con la venida de Hercóbolus. Pero hay algo que los metafísicos conocemos muy bien y es que el temor, el miedo, no solamente atrae, sino que fabrica o produce aquello que se teme y sabemos que **el amor destruye el temor**. Así lo aseguran las Escrituras Sagradas. Los que conocemos la Actividad de la **Llama Violeta** sabemos que Ella es **amor en acción** y ya la estamos usando, comprobando, esa verdad.

La Instrucción que les voy a dar es para que **la divulguen, la repartan, la enseñen a los neófitos;** para que vayan regando la forma de salvarse de mucho de lo que les espera. **Es la forma más sencilla y efectiva para los que ignoran nuestra enseñanza.** Aquí les va:

La prensa, la radio y la televisión se encargarán prontamente de asustar con noticias sensacionales y de procurar causar pánico. Tenemos que estar alertas para contrarrestar todo lo que advirtamos en nuestra vecindad. **La forma más sencilla es decirle a todos los alarmados**: «no, no tengas miedo, **porque el miedo es fatal**. Di estas palabras:

«**Yo no le temo a Hercóbolus porque yo le mando amor**».

Insiste mucho en que se aprendan estas palabras exactas, primeramente, les puedes explicar que **contra el amor nada tiene poder; que el amor es todopoderoso; que el amor es Dios...** lo que te parezca más sencillo y fácil de comprender. Luego puedes explicar a los más enterados lo siguiente:

Que los grandes Seres Cósmicos, los Ascendidos Maestros, la Jerarquía Blanca, está haciendo un inmenso trabajo para proteger a la tierra con envolturas de amor: Llama Rosa, Violeta, etc.; por consiguiente, al lanzar vibraciones y decretos de amor (como, por ejemplo, «yo le mando amor»), **estaremos, no solamente haciendo una labor de maestría y ayuda, sino también protegiéndonos y salvándonos de lo que venga ¡tanto más lo hacemos, tanto más logramos!**

¡Gracias!

Enseñanza de Conny
a sus «Guías» en la clase
del martes 8 de agosto de 1967

*L*a voluntad de Dios es el Bien, Paz, Dicha, Pureza, Equilibrio y Bondad, y ya ha manifestado y entregado todo esto.

Si el cuerpo, que es el templo del Espíritu (porque sin el cuerpo el espíritu no podría actuar aquí en la Tierra), tiene necesidad de atenderle a su estómago tres veces al día, pues **tiene** que existir comida suficiente para cada persona. Esa comida la hay. Existe, nos pertenece ese derecho, no puede faltar ni fallar. La voluntad de Dios es que ni falte ni falle. Dios **no quiere** que tengamos hambre ni que ningún hijo suyo, ningún hermano pase hambre. Si pasan hambre es porque no saben la voluntad de Dios, no saben que existe Dios, ni que su voluntad es el único Poder y la única Presencia que puede actuar. Si tú estás vivo, caminando, pensando y actuando, es porque la voluntad de Dios te lo hace. Si Él no lo deseara, estarías muerto. Es Él quien se mueve a través de ti. Tiene derecho a vivir y actuar cómodo en tu cuerpo. Si estuvieras mojado, o caliente, o helado, o con sed, con dolor, la menor anormalidad molesta a la mente. No podrías pensar en Dios sino en aquella molestia. El cuerpo, pues, es delicado y frágil. Debe ser sano y fuerte, pero aunque lo sea, sanote y fuertote, si viene una rama y lo roza, lo rasguña. Y si viene una pared y le cae encima, lo destroza y lo daña. Es frágil y delicado. Pues por eso mismo está protegido por Voluntad de Dios. Cuando caiga esa pared o venga esa rama a foetear un cuerpo, Dios hace que el cuerpo del hombre no se encuentre allí. Ya ustedes lo han sabido en este terremoto. A ustedes no les ocurrió nada porque conocen a Dios, lo aman y confían en su poder. Los que piensan en Él, los que no lo conocen ni lo aman por encima de todas las cosas se encuentran aplastados por un edificio.

Van a pasar más cosas. Éste parece ser que es el comienzo. No otros terremotos, pero otra clase de cosas. Debemos estar seguros de Dios y no se está a salvo si no se está seguro de Dios.

Con todo el derecho que nos asiste, debemos darle gracias a Dios diariamente en esta forma:

«Gracias, Padre, que tu voluntad sea que mi cuerpo no padezca de hambre, ni sed, ni dolor, ni catástrofes, ni heridas, ni molestias de ninguna clase, y así lo estás manifestando. Perdona a todos aquellos que te olvidan o que te ignoran, porque no saben lo que hacen. «**Yo Soy**» la Ley del Perdón y la llama trasmutadora de todos sus errores y «**Yo Soy**» está en todos y en cada uno. Pronuncio ese nombre en nombre de Dios y le hablo al Cristo que late en cada pecho humano, animal, elemental y cosa viviente: tú eres el perfecto, inteligente, bondadoso hijo de Dios. Tú amas a Dios y al prójimo y deseas manifestar tu divinidad. Yo bendigo esa divinidad en ti y me dirijo así a toda la humanidad».

Ángeles de la Llama Azul, en este momento «**Yo Soy**» la Voluntad de pensar, sentir y actuar en perfección en todo momento y en toda circunstancia.

Niego, suelto y descarto toda flojedad y desgano. Las declaro mentira y decreto: «**Yo Soy**» la suprema voluntad e interés en manifestar en todos mis pagos, la perfecta naturaleza del Padre Celestial de quien soy imagen y semejanza.

Palabras que Conny Méndez dijo para ti en la concentración de Acción de Gracias que tuvo lugar en Caracas el jueves 28 de noviembre de 1974

¿Serás tú de aquellos que no encuentran nada de qué darle gracias al Padre? ¿O serás como nosotros, a los que todo nos merece nuestra gratitud al Creador? Si no eres de éstos últimos, permite que te ayude un poquito.

¡Gracias, Padre, por el Agua que nos regalas y que siempre está ahí. El agua que bebemos, que absorbemos y que mantiene lindo y limpio nuestro mundo.

¡Gracias, Padre, por el Aire que nos regalas y que siempre está ahí! Si no tuviéramos el aire ¿cuánto tiempo crees tú que pudiéramos sobrevivir? Un segundo, dos segundos, tres segundos…

¡Gracias, Padre, por el Sol que nos regalas y que siempre está ahí! Luz y fuego de nuestra vida, si el sol se nos apagara, de inmediato caeríamos en las tinieblas, ciegos, inermes, congelados para siempre.

¡Gracias, Padre, por la Tierra que nos regalas y que siempre está ahí! Gracias por el imán que ella ejerce en nosotros brindándonos un hogar. Gracias, que ella no nos deja salir flotando y vagando por el espacio para siempre.

Bendita Tierra.
　Bendito Sol.
　　Bendito Aire.
　　　Bendita Agua.

Estos cuatro elementos son el origen de todo, todo, todo lo que obliga nuestra gratitud. Jesús nos enseñó a dar gracias antes de pedir. Los Maestros nos han enseñado que todos los cataclismos, todos los terremotos, inundaciones, tragedias marítimas y aéreas se deben a que los Elementales, desesperados por el desamor de los hombres, el desprecio de los beneficios que representa el trabajo constante y eterno de estar fabricándonos agua, aire, luz y tierra y todo lo que de ellos se desprende, ya no lo soportan más y se rebelan contra esas condiciones existentes.

Cada día vemos aumentar estos cataclismos. Dense cuenta que lo único que los Elementales esperan de nosotros es Amor y Gratitud por su eterna labor de proveernos con el agua, el aire, la luz y la tierra. Los Maestros también dicen que el camino más directo al Cielo es el de la gratitud. Pues está claro que si diéramos las gracias a los Elementales, no una vez por año solamente, sino que todos los días repitiéramos esas cuatro afirmaciones que te di, nos pondríamos en paz con los Elementales y cesarían para siempre los cataclismos.

Mensaje del Maestro Jesús
a través de su mensajera
Lucy Littlejohn

*E*l día 5 de julio del año 1970, estando esta servidora en la Convención Metafísica en Long Island, fue enviado un mensaje del Amado Jesús, llamado «El Cristo», el cual fue dado por la mencionada Lucy Littlejohn, quien es el instrumento que recibe las palabras de los Maestros Ascendidos desde que ascendió la que es hoy Lady Miriam, complemento del Amado Maestro El Morya. Dice así:

«**Yo Soy**» aquel a quien has conocido a través de las edades con el nombre de Jesús, «El Cristo». Hoy saludo al glorioso Cristo en cada uno de vosotros, mis co-servidores en la viña de Dios en la Tierra.

Amados, Benditos, sustraigan por favor la atención y la conciencia de lo humano, la humana personalidad o rasgos humanos. Vean ante ustedes una gloriosa Cruz de centelleante luz blanca y saliendo de cada esquina y rincón la radiante Llama Azul de la Santa Voluntad y Protección de Dios. Vean a esta magnífica Cruz expandirse hasta que abarca a todo este recinto.

Hoy tengo el gran honor de anunciarles que a mi derecha está nuestro Amado Eolo, a mi izquierda nuestro bello Sanat Kumara, al costado de Eolo está el Señor Confucio, y al lado de Sanat Kumara se encuentra el Amado Señor Lanto, hasta ayer Director del Rayo Oro.

Directamente detrás de mí vean al Magno Arcángel Miguel, mi Padre Cósmico. ¡Gloria a Su Santo Nombre!

Éste es un verdadero gran momento, pero antes de decirles de que se trata, deseo que visualicen al Gran Señor del Mundo, Gautama, quien se encuentra en la atmósfera encima de la Isla de Long Island hoy. La inmensa Luz de su Cuerpo Causal envuelve completamente a esta Isla. Detrás de Él hay un glorioso sendero de Luz, porque hoy se está recibiendo un Edicto Cósmico que viene de la Amada Alfa y Omega, por el cual se nos da un Representante de cada Sol de este Sistema. Este Canal de Luz se desprende de la Radiación de sus Seres a medida que viajan hacia la Tierra. Piénsenlo. Tenemos un enviado de cada Planeta en este Sistema ¿Saben ustedes lo que esto significa? Quiere decir que tenemos una actividad **unificada**, y estoy aquí para revelarles mi Nueva Identidad.

¡Yo Soy MICAH, Ángel de la Unidad!

He venido hoy para anunciarles que voy a residir en Shamballa para continuar mi servicio a la Unidad y que la pulsación de esta actividad comienza en este mismo momento, o sea, la unificación de todas las actividades espirituales de este Planeta.

No quiero decir que sean todas de la misma naturaleza, porque se requieren las diversas actividades de cada

Rayo, pero que cada actividad Espiritual sentirá desde hoy el latido de mi corazón desde la Santa Shamballa.

Además, tengo algo muy interesante que comunicarles. Desde hoy, el Amado Lanto servirá en la capacidad que ha sido mía, de Instructor Mundial, junto con el Amado Kuthumi, y el Amado Confucio pasa a ser Director del Rayo Segundo, color Oro. Envíenles amor a estas Santas Entidades que tanto han hecho por ustedes en esta encarnación.

La pulsación comienza hoy para ir llevando esta Isla al título de Isla Santa, el Shamballa físico cuya entrada se mantienen protegiendo las legiones del Señor Miguel, irradiando Llama Azul.

Amados Hijos de la Luz, yo les amo como siempre les he amado y les digo que recuerden siempre que **Micah, el Ángel de la Unidad**, está atrayendo y reuniéndoles para formar una gran llamarada del corazón, y cada vez que decreten en grupo, que canten en grupo, que invoquen o conversen, desde dos hasta una multitud, únanse, unifíquense en el Cristo Interior y la Luz del Cristo envolverá toda la Tierra. ¡Que el Padre les bendiga!

Orientación proyectada
por la Amada Conny Méndez
recibida del Amado Maha Chohan,
Pablo el Veneciano

Cuando el Discípulo ya está consciente, o sea, que sabe y conoce, aunque no sea sino intelectualmente, que la Presencia de Dios «**Yo Soy**» está viviente y actuante en su corazón y que lo capta en el latido de ese su corazón, en ese momento lo que sólo ha sido una chispa de luz, un Átomo Permanente, toma forma. La forma con línea y contorno de un ser Perfecto. La réplica del Ser Crístico que habita en la Cuarta Dimensión.

Esta pequeña forma comienza a crecer dentro del cuerpo físico y la expresión de su presencia se va expandiendo junto con su desarrollo.

Entonces se hace posible que cualesquiera de los Maestros Ascendidos penetre en esta figurita dorada al ser invocados por el Discípulo, por ejemplo, cuando éste genera el sentimiento de amor. El Maestro entonces le comunica lo que Él llama su Ímpetu, el Poder y la descarga de su propio sentir cósmico.

Cuando el Discípulo consciente aprende que en su Presencia «**Yo Soy**» está activa la Llama de Fuego Divino, o simplemente la Llama Divina o el Fuego Divino, como él quiera llamarlo, ya tiene la obligación de usar esa Llama para beneficio de sus hermanos. Todo conocimiento, todo don concebido se hace de uso y empleo obligatorio para servir. Esto es lo que se llama el balance, o sea, el rédito, que es como decir el diezmo espiritual que hay que ofrecer al Padre-Madre Dios, por ese gran Don que recibirnos, de conocerlo, de ser conscientes de la Verdad Divina.

Interpretación Metafísica
de la Biblia

Saúl y David

*D*avid es una de las figuras más importantes de todo el Antiguo Testamento. Así como el Cristo es la figura que se destaca en el Nuevo Testamento, David es el Cristo del Antiguo.

A Jesús le nombraron a menudo Hijo de David y el Diccionario Metafísico de la Biblia dice que David era una encarnación anterior de Jesús.

El significado del nombre de David es: Amado, Bienamado. Era hijo de un hombre llamado Jessé. En Español le llaman Isaí. Ésta era una familia humilde, granjera, de Betlehem, que es Belén, el mismo pueblo donde nació Jesús, y es significativo que el padre, Isaí o Jessé, tiene por nombre la misma raíz de Jesús, de Isaías: Jehová es la salvación. El que Es. El que da. Y David, el nombre de David lo dice. David. La vid es simbólica de la vida, la viña, la sangre. Da-vid, da vida.

Isaí tenía ocho hijos. Todos trabajaban con el padre en su granja y David, el más pequeño, estaba encargado de cuidar las ovejas. Ésta es la más suave de las labores en una granja. El pastor está todo el día al aire libre, o bien sentado en una roca o en un tronco mientras las ovejas pastan, o caminandito al paso de ellas cuando las lleva a beber agua, cuando las saca y las guía a la sabana, y cuando las recoge de nuevo. Cuando alguna se aparta del rebaño, el pastor manda al perro que ya está entrenado a ladrarle dándole la vuelta para que se vuelva a reunir con el grueso del rebaño. Ellas andan todas pegaditas, muy junticas y no se dispersan fácilmente. Por la suavidad del trabajo, les es encomendado a los viejitos y a los niños. Para llenar las horas que pasan, los pastores se acostumbran a acompañar la soledad con algún instrumento que se ponen a practicar; un pito, una flauta, una sinfonía en estos tiempos modernos y David adoptó el arpa antigua. Era una arpita pequeña. El niño era bonito, rubio y muy rosado.

Vayan ustedes asociando todos estos detalles. Fíjense en el nombre David, en el significado esotérico y exotérico, interior y exterior. Él pinta la conciencia ya pura, espiritual: que ya vive en un Plano sin luchas, sin trabajos duros, guiando a otros; y ésos otros son seres también suaves, sin malicia, dóciles. Fíjense como el arpa simboliza el arte, la música que es el idioma divino. Es un niño, es bello, rubio, muy rosado: todo esto es lenguaje espiritual y hay que aprender a reconocerlo porque no tiene equivalente en palabras. Las palabras todo lo endurecen y lo vuelven material. El rosado es el color del amor puro, sin egoísmo. El rubio indica evolución, adelanto. A los querubines los pintan cabecitas de niños, rubios, rosados, una cabeza con dos alitas, o sea, mente y espíritu, sin malicia y sin maldad.

Al profeta Samuel le vino un mensaje del espíritu. Que fuera al pueblo de Belén, buscara a Isaí el Betlehemita y que ungiera, o sea, bendijera, muy especialmente al hijo de Isaí. Ungir, que es consagrar, es lo que se les hace a los reyes y se hace en una ceremonia en que se les toca la frente con óleo o aceite y Dios le dijo a Samuel que procediera a consagrarle ese niño para que un día fuera rey de Israel. Ustedes saben que Israel significa en el Plano Espiritual reino de Dios.

Samuel hizo lo que le ordenaron. Isaí le trajo a su hijo mayor. Samuel le dijo que no. Ése no era. Vino el segundo, tampoco. El tercero, tampoco. El cuarto, tampoco. Y así fueron viniendo siete. Samuel por fin dijo: «¿Ya los he visto todos?» «¿No tienes ningún otro?». Isaí respondió que sí, que aún quedaba uno, pero era el más pequeño y que estaba pastando las ovejas. Pero Samuel le dijo que se lo trajera y al verle dijo: «Éste es». Le ungió, le bendijo, le consagró.

El rey de Israel era Saúl. Estaban en guerra contra los Filisteos, que les tenían muy embromados. Uno de los campeones del ejército Filisteo era un hombre gigantesco que se llamaba Goliat, y una vez, estando su ejército apostado en una colina y ya dominados los israelitas, avanzó Goliat vestido con sus armaduras y con su escudero y les dijo a los israelitas: «¿Y para qué van ustedes a luchar contra nosotros? ¿No saben que de todos modos los vamos a destrozar? Manden a un hombre. Al más hombre de todos ustedes, a que luche conmigo y vamos a ver que pasa. Y así decidiremos esta batalla sin que les exterminemos a todos». Por supuesto, esto causó mucha consternación. Saúl y sus escruadrones se llenaron de miedo. Porque ganaría Goliat y les haría esclavos a todos.

Los tres hijos mayores de Isaí estaban en el ejército y su padre había mandado a David a que les fuera a ver y llevarles comida, a saludarles, en fin que le trajera noticias de sus muchachos. David, llegó en momentos en que el gigantón aquel estaba retando y desafiando a Israel. Los hermanos hicieron lo que haría cualquier hermano mayor con el más pequeño. «¿Qué vienes tú a hacer aquí? ¿Y con quién has dejado aquellas cuatro ovejas que te ha entregado papá? No has venido sino por la curiosidad de ver qué va a pasar en este desastre. Anda y vete para tu casa».

Y David contestó lo que contestaría cualquier muchacho treceañero: «Bueno, ¿y qué he hecho yo? Yo no he hecho nada sino hablar para que me salgan ahora regañándome» Y se fue de allí bravo. Caminandito por aquí y por allá entre los hombres, oyó lo que se discutía. Todo el mundo estaba preocupadísimo con el asunto del desafío y muchos exclamaban: «Ay, si hubiera alguien lo suficientemente fuerte para matar a Goliat». «Dígame Ud., qué no le daría el rey Saúl al que nos librara de ese hombre».

Y David, con toda la arrogancia de un muchacho adolescente, anunció que él podía matar al gigantón. Se rieron y se burlaron de él, pero no faltó quien le contara al rey, como una gracia, el alarde del muchacho. Lo cierto es que a Saúl le interesó lo que le contaron y mandó a llamar a David. La escena es tal cual lo que uno se puede imaginar. El rey le contestó al chico en tono cariñoso: «No podrás tú ir contra aquel filisteo para pelear con él, porque eres un mocito y él es un hombre de guerra desde su mocedad», palabras de la Biblia, pero el muchacho no iba a quedarse así y le arguyó al rey diciéndole que, cuando él apacentaba las ovejas de su papá, muchas veces se había tenido que enfrentar a un oso y hasta a un león; y que él había tenido que arrancarles las ovejas de la boca. Tanto habló de la forma en que el agarraba los animales y les abría las quijadas que el rey, al fin, le dijo, tal vez por salir de él: «Anda, pues, y que Dios te acompañe».

El relato bíblico cuenta que los soldados le pusieron armaduras, espadas, yelmo de bronce, etc., hasta el punto que el muchacho no pudo dar un paso al ensayar caminar. Se divertían con esto, pero el chico lo creía en serio, y al fin dijo a Saúl: «Yo no puedo moverme con todo esto porque no estoy acostumbrado». Y se las quitó.

El asunto parecía haber terminado y ya nadie haría más caso. El chico se acercó al arroyo y recogió cinco piedras lisas y las metió en su bolsa. Luego se fue acercando al gigante quien esperaba, junto con su escudero, la respuesta de los israelitas.

Éste vio al muchacho, pero no le hizo caso ni siquiera. Un tal chipilín rubio y bonito no merecía sino ser espantado para que no fastidiara, pero el chico le provocó. Le molestó y fastidió hasta que el gigante le amenazó para que se quitara de en medio. David le amenazaba con un bastón y Goliat le dijo: «¿Soy acaso un perro para que me amenaces con un palo?», dicho hasta en tono de burla. «Ven acá y verás como te arranco tus carnes y se las echo a los zamuros». Y el muchacho le respondió, plantado frente a él, y con actitud envalentonada: «Te vienes contra mí con espada, con lanza y venablo. En cambio yo me enfrento a ti en nombre de Jehová de los Ejércitos, el Dios de los Escuadrones de Israel, a quien tú has desafiado. Pues mira, yo te voy a cortar la cabeza. Y voy a tirar los cadáveres de todo el ejército a los zamuros y a los animales, para que sepa todo este gentío que Dios salva sin lanza ni espada». Diciendo esto, el filisteo no quiso soportar más la majadería del chico, se levantó y empezó a caminar hacia David. Pero David, en lugar de echar a correr hacia atrás, corrió hacia Goliat y, al mismo tiempo, sacaba de su bolsa una piedra, la colocó en la honda (una china, tal cual) y la lanzó hacia la frente del gigante. Con tal puntería que la piedra se incrustó en el sitio del chacra pituitario. El hombre cayó al suelo sin sentido y David se le encaramó encima y con la misma espada de Goliat lo acabó de matar.

Por supuesto que los israelitas aprovecharon, cayéndole encima al ejército filisteo, persiguiéndolo hasta muy lejos y acabando con todos. Saúl, quien había visto todo lo ocurrido al gigante, se volvió asombrado a preguntarle a su jefe del ejército. «¿Pero hijo de quién es este mozo, Abner?». Y Abner contestó: «Por vida tuya, ¡oh rey!, que no lo sé».

Es un cuento de aventura digno de Hollywood. Emmet Fox dice que la Biblia es el origen de todas las aventuras, de todas las novelas, solamente contiene material que puede proveer infinidad de literaturas no solamente populares, sino profundas; pues en la de la piedra que mató a Goliat está encerrada una enseñanza metafísica.

En todo el libro de la Biblia la piedra simboliza la fe. A Pedro le dio Jesús este nombre que significa piedra y le dijo: «Sobre ti, Pedro, edificaré mi Iglesia». El lanzamiento de la piedra por David simboliza el acto de lanzar la Verdad hacia la mente de un tercero e ilustra perfectamente lo que tanto repetimos en metafísica. Tu palabra, enviada con fe en el Plano Superior, hacia alguien que esté en el error y manifestando en lo exterior el resultado de su error, vence y derrumba ese error, así sea un gigante que lo tenga aterrorizado. Tu acto de Fe y de Verdad, tan inofensivo como un niño ingenuo, tiene más poder que todo el ejército de maldades acampadas alrededor.

Toda la historia de David merece ser leída con mucho interés e interpretada, pues se extrae mucha sabiduría y enseñanza metafísica. Su vida toda es una demostración. Ilustra perfectamente la trayectoria del estudiante de metafísica, desde el comienzo hasta el día que entra en lo que se llama la Conciencia Crística, o sea, el reino de los cielos. Ustedes ven que David nació humildemente en el pueblecito de Belén y ese campesino insignificante llegó a ser rey de Israel y a tener un hijo que encarnaba la sabiduría, Salomón. En su próxima encarnación nació donde mismo, Belén; pero en lugar de recorrer caminos, terrenos que había trascendido, ya que ocupó el sitio más alto de la tierra, venía hablando de su reino espiritual. Ven ustedes cómo son las vueltas del espiral, siempre en ascenso.

SAÚL

Y ahora vamos a hablar de Saúl, el primer rey de Israel. En la Biblia, un rey siempre es representativo de la voluntad. El deseo central del individuo, o sea, su estado de Conciencia. Todo deseo tuyo expresa tu voluntad. Cuando tus deseos son carnales, estás expresando Conciencia Carnal. Cuando tus deseos son de elevarte, mejorarte, adelantar en el conocimiento de cosas espirituales, estás en Conciencia Espiritual. La Conciencia Material es la Conciencia Carnal, pero ya mezclada con conocimiento intelectual únicamente. Todavía no hay la curiosidad sana de indagar lo más alto y mucho menos de esforzarse en transformarse como lo hacemos nosotros. El materialismo acepta sin titubeos las explicaciones de tipo visible, su lógica terrena, su sentido común es limitado a lo físico y lo comercial y duda mucho todo lo espiritual.

Hay una conciencia superior a la Conciencia Material, pero que no la supera en mucho, y es la Conciencia de lo

Astral. Ésta pertenece al individuo que cree en la vida después de la muerte, o sea, que admite que hay «algo» y que el individuo no desaparece porque entierren su cuerpo en el cementerio. Este tipo de conciencia no se niega a presenciar sesiones espiritistas. Puede que conserve muchas dudas al respecto, pero tampoco se esfuerza en buscar explicaciones, ni ilustrarse en ese particular.

La Conciencia francamente Astral es aquélla que cree firmemente en la comunicación con los muertos; que la busca, la acostumbra, que le confía todos sus problemas a los espíritus, sigue todos los consejos que recibe por este conducto y le encantan todas las manifestaciones espiritistas como las materializaciones, los aportes, las apariencias, etc.

La Conciencia Espiritual, en cambio, no está satisfecha con guías y consejos de segunda mano. Busca dirección en el espíritu en lugar de en los espíritus, en el Cristo interior, única dirección segura, porque es el Cristo interior, porque es el representante directo del Dios vivo y sabe lo que le conviene a él particularmente, exclusivamente, aunque en perfecta armonía con todo el universo.

Entre las dos conciencias, la Conciencia Astral y la Conciencia Material, francamente es preferible la Conciencia Material, porque ella está concernida, ocupada totalmente en el asunto que le atañe aquí en el Plano, en su condición física. No así la Conciencia Astral que procura mezclar las condiciones de los dos Planos, el Astral y el

Físico, lo cual no trae sino confusión, frustración y estan-
camiento. Los espíritus, que viven en las condiciones del
Plano Astral, por mejor voluntad que tengan, por más buenos y nobles que sean, no pueden dar consejos físicos. Es
como si los humanos trataran de resolverles sus problemas
astrales a los habitantes de ese Plano. Y a pesar de que se
alegue que ellos conocen las condiciones terrenas, porque
pasaron por ellas, las experiencias que ellos tuvieron en la
carne y en la tierra, al efectuarse la transición de estas condiciones a aquéllas, comienzan a transmutarse, a dirigirse,
a olvidarse y la conciencia del individuo se diluye en tal
forma que equivale al ejemplo siguiente: Tenemos un individuo que se cambia de país. Digamos que se va de su
tierra tropical a vivir a Escocia, y que a los muchos años de
vivir allí, entre montañas rocosas, estériles, entre nieblas,
entre caracteres reservados, en condiciones que requieren
calefacción, idioma extraño, carne de chivo, toque de gai-
tas ¿Creen ustedes que cuando ya él se haya amoldado y
transformado a aquel ambiente, pueda dar una ayuda efectiva a un problema que se le consulte por carta, un problema de carácter tropical, regional, de una actualidad que él
no está palpando? No, ¿verdad? La ayuda o el consejo que
daría sería teñido todo con los colores de su vida escocesa,
que constituye un mundo distinto al mundo tropical. Ésa es
la diferencia. El Astral es un mundo, éste es otro.

Los reyes de la Biblia representan cada uno un estado de conciencia diferente. Cuando leas la Biblia y te en-

cuentres con un rey, ese rey te representa a ti. Eres tú y te revela tu estado de conciencia del momento. Al abrir la Biblia, por Ley de Atracción, te encuentras tú.

Saúl fue el primer rey que tuvo Israel. Antes de Saúl, Israel era gobernada por Jueces, de acuerdo con la disposición que había dejado Moisés, pero los israelitas comenzaron a pedir un rey. Ansiaban llevar la vida que veían en los reinos, que serían más libres bajo un rey. Aquí está la clave del simbolismo de Saúl, la voluntad de libertad, el deseo de quitarse de encima las cadenas que obligan dominarse. El significado metafísico del nombre Saúl es: Deseado, reclamado. Y la definición es: La acción de la voluntad en lograr aquello que desea.

Saúl era una especie de llanero. Un hombre de las pampas o «cowboy». Fíjense como su condición humana concuerda con el símbolo que representa. El andaba buscando un arreo de mulas perteneciente a su padre y que se había espantado y regado por el campo y no habiéndolas podido encontrar entró a consultar a Samuel, el profeta, quien tenía fama de encontrar las cosas perdidas. Samuel era, pues, un medium. Es notorio en los hombres de los llanos y praderas, que pasan su vida trabajando entre ganado y bestias, lo superticiosos que son y lo adictos a los cuentos de aparecidos y espíritus. Son de Conciencia Astral, que es una conciencia típica de las razas primitivas, de poca evolución. Es una conciencia casi natural de todo el que vive muy cerca de la naturaleza, que observa sus fenómenos y los interpreta a su manera.

Estas personas, por lo general, son lo que se llama «voluntariosos», testarudos, reservados, algo tímidos, aunque muy valientes ante los aprietos. Saúl representa, pues, la voluntad personal.

Samuel recibió la inspiración de consagrarlo, porque fue informado por el espíritu que éste sería el primer rey de Israel.

En la Biblia, los Gentiles representan aquellos que están bajo Conciencia Carnal o de los sentidos. Al aceptar a Jehová y adquirir un poco de comprensión espiritual, son llamados israelitas, Saúl iba a ser rey de Israel, pero aún estaba en la conciencia personal y, aunque creía en un solo Dios y había sido instruido en las prácticas religiosas de la época, vacilaba entre un camino y otro, y al ocurrirle algo que no podía solucionar, corría a consultar con el medium, tal como lo hacen los humanos hoy día.

Todo aquél que está aún bajo el dominio personal, se desvía fácilmente de la práctica de la Verdad, se pone muy nervioso de saber lo que va a suceder, olvida que el futuro está en sus propias manos y sale a consultar a clarividentes y mediums. Cuando nos damos cuenta de que Dios no quiere para nosotros sino todo lo mejor y que nuestra palabra y nuestra fe nos producen todo lo que deseamos, se nos quita la tentación de frecuentar a los echadores de buena fortuna: los cartománticos.

Por un lado, Saúl se dejaba guiar por su Yo Superior. Pero, por el otro, no le era leal. Cuando sus pensamientos errados obscurecían su inspiración, cuando no recibía mensajes por medio de sueños, salía a consultar a la bruja de Endor, quien invocaba el espíritu de Samuel, después de muerto éste (tal como acostumbran aquí y ahora los espiritistas), y le repetía a Saúl lo que decía el espíritu.

Si Saúl hubiera obedecido la Ley Espiritual, hubiera esperado con paciencia hasta recibir por intuición la respuesta que buscaba. Ésta no se hace esperar jamás. Requiere una disciplina y fe, pero siempre, de alguna manera, el espíritu nos comunica todo lo que necesitarnos saber y a plena satisfacción. Pero Saúl vacilaba y traicionaba su conocimiento de la Verdad. Le ocurrió lo que a muchos de los que se internan en el Plano Astral y siguen consejos que les dan los diversos espíritus de ese Plano: se volvió loco. A veces furioso y otras melancólico, es muy significativo que quien lograba apaciguar al rey loco era David con su música. Eso ilustra el poder del amor (David) para armonizar las discordias que suscita la voluntad violenta.

Lleguemos hasta aquí en el estudio de David y Saúl. Sólo quiero que sepan que por ningún concepto apruebo el contacto con el Plano Astral. Eso entra en lo que La Biblia llama «idolatría», ya que el individuo que pone su fe en lo Astral, que sólo muestra fenómenos y poderes parciales, se lo está quitando al **Absoluto**, o sea, que está sustituyendo lo superior por lo inferior. No hay nada prohibido. Todos tenemos libre albedrío. Sólo se nos recomienda conservar el equilibrio, el no abuso, para mantenernos en el Bien.

De última actualidad:
El latido universal

*H*abiéndose recibido a través de la Revista «The Bridge to Freedom» (órgano de El Puente) un mensaje del Maestro Saint Germain, en el cual, por primera vez, menciona la ocurrencia de «cataclismos» (que tanto están impresionando y afectando a la humanidad; y con mucha razón, porque la prensa no hace otra cosa que bombardear con artículos, tipo ultimatum, que no dejan aparentes escapatorias). El Maestro ha tomado cartas en el asunto para ofrecer el refugio y las armas contra el aniquilamiento que amenazan producir las mentes que ignoran la Ley de Causa y Efecto. Sin embargo, el Maestro dice textualmente que «no es para engendrar ningún temor, sino con el objeto de que puedan estar mejor preparados para su servicio en el futuro».

Es verdad que el Maestro admite que «hay ciertos cambios planetarios y cósmicos sobre los cuales aún nosotros no sabemos su futuro, en tales momentos a veces nosotros mismos no tenemos más que cinco minutos de aviso en que preparar a aquellos estudiantes dedicados a nuestro servicio… Pero si el cuerpo estudiantil no está lo suficientemente preparado para integrarse en el movimiento mental-espiritual de rescate, no será un buen conductor de la radiación. No es sino sentido común, o sea, sabiduría, el que los chelas se reúnan y se preparen, y puedan, en el momento de crisis, entrar en acción colectivamente tan pronto como sea posible, y que todos posean un número de decretos apropiados y a la mano, o mejor aún memorizados, para proceder personalmente a entrar en acción y evitar el desastre».

El Maestro explica también que, por tener todos nosotros divergentes impulsos de energía dentro de nuestros cuerpos causales, por poseer diferentes personalidades, diferentes tipos, por pertenecer a diferentes Rayos y por estar en período de transición, no pueden Ellos esperar lograr una unidad completa y perfecta expresión de armonía en nosotros y en estos momentos, pero que están buscando una forma eficaz de aplicación (tratamiento) que no pueda ser confundida para producir la mani-festación instantánea para el Planeta. El Maestro dice: «Recuerden, Amados Corazones, de mantenerse centrados, ajustados y aplomados en la Llama Triple dentro de vuestros corazones para actuar rápidamente en las emergencias y en los cambios inesperados. Hay radiaciones que pueden ser traídas conscientemente y en un momento dado, las cuales pueden ser invocadas por aquellos seres dedicados a nuestro servicio, reunidos en la "Cámara Superior"» (Lugar Secreto del Altísimo, o sea, conscientes de la Presencia «**Yo Soy**»), cuyos cuerpos físicos se encuentran descansados, sus cuerpos mentales en estado de alerta, sus cuerpos etéricos purificados.

El Maestro recomienda invocar a la Presencia «**Yo Soy**» para que vaya «donde quiera que se encuentren» las almas que hayamos dañado en cualquiera de nuestras vidas pasadas, como también a los animales a quienes hayamos maltratado o sacrificado en los altares de sacrificios religiosos de antaño, y que los trasmute con la Llama Violeta. Que la Magna y Amada Presencia puede localizarse en cualquier Reino, Templo de la Ascensión, sea que estén encarnadas, y gustosa te equilibrará la deuda en una hora o en un solo momento. Esto es importante para tu eficacia en el servicio. El Maestro dice otras cosas que te iré mencionando en el resto de este Boletín de Última Actualidad, ya que me ha dado, si no **la fórmula de aplicación instantánea para el Planeta**, por lo menos **una formula**. (Esto no depende sino de mi propia y humilde comprensión.)

Y ahora entremos en materia:

Como simple recordatorio te preguntaré: ¿Tú has escuchado y sentido los latidos de tu corazón, verdad? ¿Tú ya conoces el gran secreto del Átomo Permanente dentro de cada corazón? Tú ya sabes que dentro de ese Átomo están las Tres Llamitas conocidas por el nombre de **Llama Triple**. Tú sabes ya muy bien que al ser reconocidas y bendecidas por alguien, la cápsula que envuelve ese Átomo se rompe y surge la Llama Triple que desde ese momento se convierte en el Ropaje del Cristo.

Todo el mundo sabe que los latidos del corazón comprueban que la persona está viva, por supuesto. Cuando se quiere averiguar si una persona está viva o «muerta» se le tantea el pecho o el pulso. De manera que ese latido significa **Vida** ¿Y cómo llamamos los Metafísicos a esa **Vida**? Dios. Dios es Vida. La Vida es Dios. De modo que hasta los **Ateos** saben que lo que late el corazón es **Vida**. Hasta los médicos, que dicen no haber encontrado el Alma en un cuerpo operado, saben que ese latido es **Vida**. Es la **Vida**.

A nosotros se nos enseña que ese latido representa toneladas de Energía que nos entran en el Templo Físico. Energía Pura, o sea, Vida, Amor, Verdad, Inteligencia, Poder, Salud y cantidad de virtudes que son **Dios**, como Justicia, Consideración, Paciencia, Fe, etc. Todas se derivan de las Tres Grandes Llamas: Amor, Inteligencia y Poder. Y sabemos todos que todo esto es la Magna y Amada Presencia de Dios en nuestros corazones.

Bien; todos sabemos que esos latidos vienen de la **Presencia** más arriba de nuestras cabezas. Esa Energía es bajada por el Cordón de Plata, por el Chacra Coronal directamente al corazón. **Cada latido representa la reunión de todos esos poderes y virtudes.** Cada latido es la Prueba de la **Presencia de Dios** «**Yo Soy**» en ti.

Ahora, toma el Secreto del Dominio y la Maestría. Toma la fórmula que nos da el Maestro «para entrar en acción y evitar el desastre». **Aquiétate un momento y piensa en el corazón** (de una persona o de miles). Recuerda los latidos. Escucha y siente tus latidos. No dejes de recordar que tu corazón y el de los demás están latiendo idénticamente y al mismo tiempo y que palpitan al unísono, conjuntamente y voluntariamente, aunque únicamente tú sabes lo que estás haciendo, pues el Maestro Saint Germain dice: «**Allí donde enfocas tu atención, allí estás, en ello te conviertes**». Has entrado en el corazón o los corazones de los otros. Y por tu vibración mayor has dominado las vibraciones menores. Además de que ya conoces la máxima Metafísica: **Uno con Dios es la mayoría**. Y la otra del Maestro Jesús: **Donde dos o más se hallan reunidos en mi nombre, allí estoy con ellos**. ¿Qué quiere decir esto? Que si «Uno con Dios es la Mayoría, Dos o más son la totalidad» y allí está el secreto de la fórmula. Has puesto a latir los corazones al ritmo tuyo. Se han puesto en paz, y en el estado de paz es que se le abre la puerta a la Presencia para que pueda bajar y dispensar sus dones. Es instantánea la reacción del Cristo. Y ahora vas a encontrar la fórmula en cantidad de sitios. Vamos a ver, por ejemplo, el Salmo 46, tomado casi al azar. Haz conciencia de cada palabra y cada frase:

Aquietaos y sabed que **Yo Soy** Dios. Aunque tiemble la tierra, aunque se conmuevan los montes en el seno del mar, aunque se espumen y agiten sus olas, aunque retiemblen los montes a su empuje, túrbense las naciones, vacilen los reinos, no temeremos porque en medio está Dios. No será conmovida, Dios la socorrerá desde el clarear de la mañana. Dice su voz y te derrite la tierra. Él es quien hace cesar la guerra hasta los confines de la Tierra. Él rompe el arco, troncha la lanza y hace arder los escudos en el fuego. Aquietaos y sabed que **Yo Soy** Dios… Un río con sus brazos alegra la ciudad de Dios. (La ciudad es la conciencia y el río es la energía.) El Santuario donde mora el Altísimo. Venid y ved las proezas de **Yahvé** (**Yo Soy**). Los prodigios que se obran sobre la Tierra.

¿Te das cuenta que precisamente el Salmo nombre cataclismos, terrenos marítimos y guerras? ¿Te diste cuenta de que el Salmo describe lo que estamos estudiando aquí? Que es instantánea la acción de Dios en el Santuario donde mora el Altísimo. Ese «río con sus brazos» es la corriente que tú estableces desde tu corazón al corazón de otro u otros. Y es instantáneo. Dios no tiene por qué esperar, a menos que tú no le impidas la acción por causa de tu libre albedrío. Y he aquí una cosa importante:

Fíjate que el Maestro ha dicho que hay que actuar rápidamente en los cambios repentinos. Que tenemos que estar atentos y alerta. Reuniéndonos, sí, pero actuando dinámicamente. No podemos perder tiempo en aquellas meditaciones que tanto les gustan a muchos de ustedes, en que cada uno se siente inspirado, hablando y decretando largamente. Las devociones se estiran y duran horas enteras. Mientras tanto (dice el Maestro), la Amada Presencia y el Cristo permanecen mano sobre mano a que tú termines de oírte para ellos comenzar a actuar y conceder lo que has pedido. Y es que tenemos que advertir que al cuerpo emocional le deleita el escucharse. No le importa nada que los demás estén aguantando aquella perorata. A eso lo llaman

ustedes «una meditación». Voy a copiarte lo que llaman los
Maestros Kuthumí y Saint Germain meditaciones. La primera está incluida entre las Meditaciones Diarias de nuestra
enseñanza. Dice el Maestro Kuthumí:

«Amados corazones: No hagan grandes esfuerzos para buscar la Presencia de Dios. Aquiétense y encuéntrenlo
en la Paz de vuestro mundo sensorio. Realicen que el Majestuoso Poder de Dios está en el latido de vuestros corazones y permitan que esa Naturaleza Divina encienda
vuestro propio mundo con todo el Poder y el Amor de la
Presencia de Dios».

La segunda se encuentra en la Meditación del día sába-
do. Llama Violeta: «Aprendan a aquietarse aun cuando no
hay emergencia. Practiquen a aquietar sus cuerpos físicos,
sus pensamientos, sus memorias etéricas y luego vuélvanse
suavemente al Ser Supremo hasta que se sientan anclados
en la Paz. Luego el Maestro agrega: Con una sola persona
que haga esto, se salva una ciudad».

Y ahora el Maestro nos sugiere divulgar el Movimiento,
que Él mismo llama **El Latido Universal**, en que nos pide
fijar la atención en nuestros corazones, escuchando los latidos, pensando en la Energía que derrocha la Presencia; luego
pensar en el latido de otros, así sean miles o millones.

No me hagas caso si no quieres. Sólo comprueba el
milagro que se te manifestará.

Simultáneamente, hubo tres personas que tuvieron la
visión de un gran corazón rojo, latiendo, con el centro do-

rado y bordeado de azul y rosa. Una de ellas vio cómo entraban o se agregaban miles de seres. Es la corroboración que nos da el Maestro.

Ahora te diré algo muy importante que alerta el Maestro.

Dice así: Traten de vivir por encima de las tensiones que molestan a la generalidad en la Tierra. Jamás podrán sobrevivir como movimiento espiritual, ni siquiera como grupo espiritual, si permanecen más abajo de lo que se me antoja llamar «La Marca del Agua» (o sea, el borde hasta donde llega la orilla del agua). Allí donde hay el temor, todas las clases de molestias y problemas; la intolerancia, el odio, la ira, la rebelión, los celos. Si tú vives allí, entonces formas parte de la «Creación Humana» y la «Mente Humana». Estás en el fondo y no en la superficie como tú crees. Tú no puedes lanzarles la soga de la Instrucción, o la enseñanza nuestra, a los que yacen allá abajo, con el fin de elevarlos de la oscuridad hacia **la Luz de Dios que jamás falla**. ¿Cómo? ¡Si tú estás allí con ellos! Y a propósito, permíteme decirte (no diré tu nombre, pero tú sabes a quien me refiero). Cada vez que hablamos te oigo repitiendo los mismos clavitos de siempre. Los repites y los remachas. En ningún momento te he oído mencionar las virtudes y colores de tu Llama Triple, ni el Átomo Permanente de nadie. Sin embargo, tienes a flor de labios los nombres de las enfermedades, de los médicos, de las medicinas, de tus defectos y problemas. ¿Cómo quieres tú sa-

lir de ese escalón? Es el mismo que el Maestro llama «La
Marca del Agua». Te aconsejo que comiences hoy mismo
a escuchar los latidos de tu propio corazón para que vayas
aprendiendo a escuchar el de los demás. Recuerda que puedes curarlo todo. Enfermedades tuyas y de los demás, problemas tuyos y de los demás, defectos tuyos y de los
demás, con sólo pensar en tu corazón y en el de los demás,
y recordar que los latidos son chorreones de virtudes como
la Salud, la Armonía, la Paciencia, la Fe, la Serenidad, la
Paz, ...en dos palabras incólumes: **la perfección, que está
ahora mismo cayéndote en el corazón y el de los demás,
¡y con pensarlo ya es un hecho que se manifiesta!**

Repito: El Movimiento que el Maestro Saint Germain desea que se divulgue de inmediato es el de enseñar a escuchar primero el latido de tu propio corazón,
pensando en el inmenso volumen de Energía Pura que
entra con cada latido y afirmar:

**Yo Soy el Latido Universal y el líder de mi am-
biente. En el nombre, por el poder y la autoridad de
mi Amada Presencia «Yo Soy», decreto que uno con
Dios es la mayoría. Dos o más son la totalidad.**

Que esto sea aprendido de memoria y se afirme en cada circunstancia negativa que se presente en el Planeta, con
la absoluta fe de que la Presencia «**Yo Soy**» actuará sin pérdida de tiempo, ya que el **Latido Universal** decretado y
realizado por la Presencia «**Yo Soy**» es la unión de **todos**
los corazones del Universo.

Para que no pierdas tu tiempo

Te repito lo que ya se te ha enseñado, pero me doy cuenta de que hay discípulos que aún no se han percatado de lo que sigue, y lo repito ahora en palabras nuevas para que les penetre mejor y no pierdan su tiempo.

La Metafísica engloba todas las enseñanzas que han existido hasta ahora en el Planeta Tierra. Si tú eres estudiante de Metafísica; si tú **absorbes, captas y puedes practicar** lo que estás aprendiendo en la Hermandad Saint Germain, estás comprobando haber ya absorbido todo lo que los Maestros han dado hasta ahora, ya has avanzado al punto de subir al próximo escalón y **no tienes necesidad de ingresar en Órdenes o Sectas Inferiores**.

Algunos estudiantes se sienten atraídos por el aspecto fenomenal de las Sectas que llamamos «Menores». Oye bien. Se les dice Menores porque están actuando aún en el **Plano Emocional.** No han subido aún al **Plano Mental.** Aún son Piscianas. Piscis, o los peces, viven en el agua. **Agua es representativa de la emoción.** El mar representa el Plano Emocional. Es salado como las lágrimas. Acuario es un hombre que carga un jarro de agua al hombro. Es el hombre que ha dominado el agua y la usa como y cuando quiere, en pequeñas cantidades y con parsimonia. Es, pues, el ser que ha llegado a dominar su emotividad y la usa con inteligencia.

Tú ya debes saber que no es que la emotividad sea mala. Es muy bueno tener una gran profundidad de emoción, sólo que hay que manejarla con mucha inteligencia. Hay que equilibrarla con la inteligencia; por lo tanto, hay que ser tan inteligente como emotivo. Y tan emotivo como inteligente. Esto se logra haciendo afirmaciones cada vez que uno se sienta dominado por la emoción: **«Yo Soy la Inteligencia Divina. Yo Soy la Llama de Oro»** y meditar mucho sobre la Inteligencia. Y dile a tu cuerpo emocional: **«Aquiétate. No acepto que te desbordes. Obedece a tu superior». Superior es el Plano Mental. La Metafísica es una enseñanza mental** y se supone que ya tú eres adulto espiritualmente, que ya dejaste la malacrianza infantil, las lloraderas y los pataleos, el dramatismo psíquico, que ya raciocinas y disciernes, por lo tanto, que ya mereces entrar en el **Plano Mental.** Es el Plano de la Era de Acuario, así como Piscis lo fue del Plano Emocional y negativo.

El Hinduismo es el sistema religioso más antiguo del Planeta, ya que hasta se confunde con la propia historia del Continente Asiático. El Yoga desbordó los límites del hinduismo, extendiéndose hasta el Tao, el Budismo etc. y se ha dicho que existen tantas Yogas como existen Yogis. Lo cierto es que típicamente emocional y psíquico. Es el dominio por excelencia de la materia y del cuerpo astral. Más adelante no ha podido penetrar porque hubiera sido entrar en Plano Mental y los Maestros no les dieron los principios Mentales. Para ellos lo más excelso es liberar el alma en el Samadhi que es un Plano Psíquico Emocional. «El conocimiento» para ellos consiste en ver flores, oler perfumes y viajar astralmente. Aún. no se saben traer la Presencia «**Yo Soy**» al cuerpo físico. Aún no conocen el Cristo interior. Estos conocimientos fueron introducidos por el Maestro Jesús-Cristo. La Metafísica es cristiana y los hindúes son budistas. Muy anteriores al cristianismo. En las Eras emotivas se hacía muy difícil controlar al cuerpo emocional y, después de haber leído la monografía «**parece mentira**», ya sabes lo que ocurre con los arranques de ira, de emotividad y las prácticas de auto-hipnosis: Se separa el Doble Etérico del cuerpo físico, lo cual produce la visión psíquica, lo cual es una distorsión, un desorden, una enfermedad. Ya debes haberte graduado en esas enseñanzas que lo que hacen es estancarte en épocas ya superadas, obsoletas, regresándote al pasado, cristalizándote como la mujer de Lot, por lo tanto, perdiendo tu tiempo.

La Orden Rosacruz fue fundada en Alemania en el Siglo Once (XI), por un grupo presidido por **Christian Rosenkreutz**, que como bien lo sabes tú, fue una encarnación anterior del Maestro Ascendido Saint Germain. Cada Siglo venía un Adepto a introducir un nuevo escalón para ir adelantando a la humanidad en el conocimiento de la verdad. A pesar de que fue traída al Planeta por el Avatar de esta Era de Acuario, no significa que sea válida sino para aquéllos que aún no pueden captar totalmente la

Enseñanza Metafísica. El Rosacrucismo que nos ha llegado a nuestros días tiene limitaciones inaceptables, entre otros la práctica de buscar y mirar, estudiando, las encarnaciones pasadas, cosa que cristaliza como la mujer de Lot, impidiendo avanzar.

La Masonería data del año 1717, después de haber sido un simple sindicato artesanal. Hoy en día también resulta plagada de limitaciones y atrasos.

La Orden Martinista, fundada por Martínez de Pasqually y su secretario y discípulo Louis Claudes Saint Martin, fue otro paso en la escala de los aspectos de la Verdad. Está superada por la Metafísica Cristiana y la actividad **Yo Soy**. Lo mismo el Gnosticismo, todos los derivados protestantes y aun las más modernas ciencias Cristianas, etc., ya que éstas son pasos hacia la Metafísica, como te lo dijo el mensaje de Rafael Zamora para Hispanoamérica.

Esos ascendidos Maestros Morya, Kuthumí, Saint Germain y Djual Kul para resumir todo lo que había sido dado al planeta y que no quedaran dudas en las mentes humanas, le dictaron personalmente a Elena Blavatsky toda la enseñanza teosófica como una Enciclopedia para todo el que busque instruirse respecto a cualquier punto que tenga oscuro. Esto incluye el Cristianismo, Ocultismo, Espiritismo, Neoplatonismo, Gnosticismo, Cábala Judaica, Mística Rosacruz, Martinismo, Tradiciones Budistas, Hinduismo, Karma, Vida de Ultratumba, Causas del Mal, Leyes Herméticas, Planos, Rayos, Teúrgia, Magía, Purificación, Perfección, etc. De modo que no hay excusa para permanecer ignorante o atrasado. Toda persona en sendero espiritual tiene a la mano la contestación. a cualquier pregunta que le venga en mente. La Teosofía no es ni una Secta ni una Religión. Es un diccionario espiritual dado en persona, cara a cara, de tú a tú por los Maestros de la sabiduría a la tan mal comprendida Elena Blavatsky.

En el año 1802, los maestros comenzaron a enviar al Planeta la Enseñanza del Nuevo Pensamiento por medio del Dr. Phineas Quimby y su discípulo Waldo Trine, autor de «**a tono con el infinito**», una de cuyas frases célebres es la más grande de las verdades eternas: «El reconocimiento de nuestra propia Divinidad y nuestra íntima relación con lo Universal equivale a atar el cinturón de nuestra maquinaria a la fuerza motriz del Universo».

Todas las Escuelas que de allí se desprendieron son repeticiones del mismo tema trascendental, o sea, «**la práctica de la presencia de Dios Yo Soy en Mí, en Ti en Todos, en Todo, Aquí, Allá, más Allá**».

Cuando se llega a esta última enseñanza, se ha llegado a Dios. Tarde o temprano se le encuentra en nuestro Centro y todas las anteriores Sectas y Religiones se vuelven **trascorrales**. No lo olvides. Son superfluas, están demás, obsoletas, sólo ocasionarán pérdida y desperdicio de tu tiempo. Es devolverte a buscar a Dios por trascorrales.

Es atrasarte y estancarte cristalizándola como la mujer de Lot. El que llega a la práctica de la presencia de Dios, por medio de actividad «**Yo Soy**», si no ha llegado a superar todo en vidas pasadas, Su Cristo, Su presencia «**Yo Soy**», que es **Uno Solo** lo llevará a todas la verdad. Es promesa Bíblica.

De manera, hermano y hermana, que no te eternices voluntariamente en el escalón inferior ya que nos queda poco tiempo para escoger: Ascender con el Planeta o descender a un Planeta inferior por haber desaprovechado esta oportunidad, perdiendo el tiempo, perdiendo esta encarnación.

Bendigo tu Cristo y le pido que te ilumine.

Protección gubernamental
para Venezuela y para
el mundo entero

¡Con todo el poder y la autoridad de la Amada Presencia «Yo Soy» en mí, digo y decreto:

¡Sellen! ¡sellen! ¡sellen!

*T*odas las posiciones oficiales gubernamentales en Venezuela. y en el mundo entero con **la Presencia luminosa y con el brillante corazón de diamante del Ascendido y Amado Maestro El Morya**, individual y colectivamente.

Dejen que la **Voluntad de Dios se manifieste** en, a través y alrededor de los Gobiernos de Venezuela y en el mundo entero, **Hoy y para siempre, «que solamente aquéllos que han sido escogidos por los Ascendidos Maestros de sabiduría para ocupar las oficinas claves gubernamentales, sean realmente con los colocados en ellas** para que el **Gran Plan de Dios** se cumpla debidamente!

¡Amado y Ascendido Maestro El Morya! ¡Toma de forma inmediata, completa y eterna, el **comando, control y posesión de los gobiernos y sus pueblos y de todos los gobiernos y de todos los pueblos existentes en el Planeta Tierra!**

Decretamos que la Luz de Dios que nunca falla, se posesione y guíe y gobierne a todos los seres encarnados en todas partes sobre el **Planeta Tierra**.

¡Damos gracias!

«Cúralo todo»

*T*e voy a hablar en palabras de a «puya», lo cual significa que lo vas a comprender y aprender en menos de un minuto, o sea, en el tiempo que tardas en leer esto, y te advierto que está medido por el reloj.

Además, te advierto que te va a encantar y vas a desear enseñárselo a todo el mundo para que sea feliz.

En el lenguaje Metafísico auténtico lo llamamos **El Latido Universal**, pero llámalo tú el Cúralo Todo, porque vas a notar que te cura el mal que te esté afligiendo, bien sea enfermedad o problemas, situación, circunstancias, o lo que sea, lo cura todo y no solamente a ti sino aquello que mires en otro, como un defecto, un vicio, etc. No importa de qué se trate, no importa lo que ande mal, el **cúralo todo** lo arregla.

Bueno, ahora vas a mirar el reloj para que sepas en cuánto tiempo aprendes el **tratamiento**, o en cuánto tiempo lo haces. Es un **tratamiento** y lo llamaremos «el remedio» o la medicina, como tú prefieras. Vamos pues:

En el mismo instante en que tú te sientas mal; o en el mismo instante en que se te manifieste un problema; o en el mismo instante en que lo veas en otro **tómate el pulso**. Esto se hace colocando la yema de uno de tus dedos pulgar sobre la muñeca del brazo opuesto, tal como lo hace el médico, hasta que sientas el latido de tu corazón. Quédate unos momentos gozándolo **porque es agradable**. Éste es el **primer paso**.

El **segundo paso** es pensar un poquito; **Bien, ¿Y de dónde viene a mí ese latido**? ¿Qué lo produce? Trata de contestarte esas dos preguntas tú misma, porque fíjate que tú no estás ni atado a ningún otro ser, ni estás enchufado a la electricidad, ni estás sembrado en el jardín. Eres libre e independiente y si estuvieras suspendido en el espacio, siempre seguirías sintiendo el latido de tu corazón.

El **tercer paso** es decir en alta voz:

«**Padre Nuestro te invoco a la acción** (tres veces) y ahora dices: «**Gracias, Padre, que me has oído**».

Y ahora te vas, no pienses más en la enfermedad o en el problema. Repite el remedio **cúralo todo** tres veces al día tal como te lo ordena el médico, ya tu sabes cuánto tiempo te toma. Espero que no se te olvide chequear en tu reloj.

No me creas... sólo ensáyalo. No pierdes nada.

Si, ya sé... me vas a decir que cuántos se toman el pulso al sentirse mal y no se les quita lo que les molesta. Es auténtico. Pero nadie goza tomándose el pulso primeramente. Por lo general, lo hacen con gran temor de encontrar que lo tienen demasiado rápido. Segundo, al instante declaran con gran convicción «**estoy enfermo**», estoy malísimo, eso es lo que llamamos **un Decreto**, y lo estoy decretando no tiene más remedio que manifestarse. Eso es **Metafísica.** Pero él no sabe Metafísica.

Cuarto y último. Lo que sí se le ocurre es invocar al médico y llenarse el cuerpo de cosas químicas.

La gran diferencia consiste en mantenerse tranquilo, pensar en las cosas buenas y positivas como la vida, la salud, etc., y hacer la invocación.

A las personas más adelantadas, quienes ya conocen la maravilla Metafísica, le recomendamos que piensen que ese latido significa vida, salud, fuerza, equilibrio, armonía, paz, etc., y que todo el mundo está recibiendo las mismas condiciones. Por eso agregamos las gracias.

Otro de los últimos Boletines de Conny

La licuadora

*U*stedes ya me han escuchado (o me han leído) hablándoles de «Los Cambios que se Avecinan».

Ya no es que están próximos sino que los tenemos con nosotros. Cada vez que te sientas en desagrado, en disgusto o con quebrantos en la salud, una sensación de mareos o de confusión. Yo te ruego que digas de inmediato: «**Yo Soy una antorcha de fuego Violeta y todo lo negativo que se me aproxime es en el instante transmutado**». Y esto lo afirmes cuantas veces puedas recordarlo diariamente y por las noches, si despiertas durante tu sueño. Es importantísimo para ti y para todo el Planeta. Voy a explicarte:

«Los Cambios» para esta Nueva Era los trae la Luz que se está derramando en todo el Planeta. Esta Luz, tú lo sabes, gira dentro de Nosotros en forma circular y en espiral, gira con tal rapidez que causa confusión. Ella es como una licuadora que tiene el propósito de desbaratar las cristalizaciones que tenemos acumuladas desde muchas vidas. Tal como se pulverizan y licúan las cosas que tú metes en tu licuadora. Por supuesto que es maravilloso que la Luz te obligue a salir de todas las «pelotas» de odio, amargura y demás acumulaciones de energía mal usada que hay en tu Subconsciente, en tu Cuerpo Etérico, Mental y en el Aura. Pero esto tiene un grave peligro y es que esa aceleración puede hacerte perder el contacto con el Cristo, ya que cuando el ser se siente mal, se olvida de su Conciencia Espiritual y sólo le provoca obedecer a lo que le dicta su cuerpo.

El peligro estriba en que aquéllos que han practicado el «espiritismo» y la «brujería» están propensos a que les penetren entidades de Planos Psíquicos aprovechando el «bajón» en que se siente la persona. Por eso es que ¡te alerto a que no pierdas un minuto! ¡al sentir cualquier cosa negativa, cualquier mal humor, ganas de criticar, poner atención a chismes, cualquier falta de caridad, todo es abrir una rendija (o un portón) a un Plano que es imperativo mantener trancado para siempre!!!

No arriesgues el perder esta encarnación cuando ya (por el solo hecho de conocer Tu Presencia) eres candidata a la Ascensión, ¡por Dios!

Sálvate con la Llama Violeta, porque nadie se puede salvar sin Ella. Ya Tú lo has comprobado. Mañana no podrás alegar que «nadie te lo dijo».

Nuevas palabras de a centavo

*L*as «palabras de a centavo» no son exclusivamente para los niños, ni tampoco para los principiantes. Son para recordar a los adultos Metafísicos cosas aprendidas en sus vidas pasadas, o sea, que al leer los datos les será muy familiar el contenido.

Si tú aprendiste Astronomía o Astrología, o ambas ciencias, vas a recordar muy bien todo lo que te voy a decir. Si no lo aprendiste anteriormente, será maravilloso para ti conocerlo al fin.

El Zodíaco. Ese inmenso reloj cósmico de doce Signos (doce horas) que manda en nuestras vidas, tarda en recorrer cada Signo unos dos mil ciento sesenta años. Cada hora, o Signo, representa una clase que tiene que aprender la humanidad. Una clase en la Verdad del Ser y la Verdad del progreso o evolución del hombre. Es el paso, por ejemplo, del Salvajismo a la Barbarie. De la Barbarie a la Civilización. De la Civilización a lo que vamos a aprender ahora, o sea, la Iluminación. El reloj da vueltas eternamente. Cada uno de nosotros ha dado muchas vueltas. Cada vez que tú terminas de dar una de las vueltas, comienzas la que le sigue, pero en un grado más alto. Por eso es que unos somos más adelantados que otros.

El Signo que acabarnos de terminar, como lo sabes, es Piscis, el pez. En esta «hora» del Planeta Tierra, representa el hombre que está expuesto a sus emociones y tiene que aprender a dominarlas. En una vuelta anterior fuimos peces en esa hora y nos correspondió conocer la vida en el agua. El agua para nosotros, los humanos, simboliza el Cuerpo Emocional (psíquico-astral). Al hombre le es muy difícil dominar ese elemento. Las emociones son como las olas. Cualquier vientecito las alborota, los humanos de nada se ofenden, se molestan, se irritan y resisten hasta la muerte. Eso que se siente afectado es lo que se llama en Metafísica «la personalidad».

La Era de Piscis fue muy dura. De muchas guerras y persecuciones. Esto está **en Perfecto Orden Divino** para que el hombre aprenda auto-control y autodisciplina. Pero ya la gran masa captó la lección. La prueba es que Acuario ya tiene varios años con nosotros. Ya no habrá ninguna guerra mundial a pesar de que los piscianos crean que sí. Déjame aclararte que nada ni nadie puede quedarse en… o retroceder a o prolongar algo pisciano en el Planeta cuando esa Era murió. Si alguno no aprovechó la lección, si no está «al día», tendrá que repetirla, por supuesto, tal como ocurre en las escuelas a los niños, porque la Ley de Correspondencia dice «Como es Arriba es Abajo y Como es Abajo es Arriba». La diferencia consiste en que los retardados espirituales, adultos, son llevados a un Planeta más atrasado. Lógicamente, no puede quedarse en el Planeta que esté entrando en un Signo tan elevado como Acuario, que es para la Séptima Raza o Superhombre. Nada ni nadie, te lo repito, puede establecer algo que ya caducó en un Signo; y te lo advierto porque hay un movimiento que pretende revivir sistemas piscianos de templos y ritualismos, contrarios a la Ley de Corresponden-cia ¡Que el Padre los mire con Su Misericordia!

Cada Signo ocasiona una revolución de todo, vida, costumbres, modas, ideas, corrientes. Acuario es el hombre que ya sabe dominar su Cuerpo Emocional, pues lleva el agua en un receptáculo al hombro. La usa como él quiera. Además, a sus pies se encuentran las diferentes corrientes de la Era. Él pasa por encima de ellas impertérrito. Corrien-tes eléctricas, electrónicas, de aguas, de ideas, nada lo Per-turba. Su emotividad está bajo su control.

Nuestra memoria racial no contiene nada más allá de la Era de Tauro, tiempos egipcios. A pesar de que nos que-dan las pirámides, los jeroglíficos y algo muy grande que introdujo Akenatón, o sea, el culto del **Único** Dios, no so-brevivió ninguna corriente, ya que desapareció la idolatría por los animales, aves, el Buey Apis.

La Era siguiente fue **Aries**, la cabra, que se convirtió en el Cordero Pascual en la Religión Hebrea. Fue la épo-ca de Moisés y Abraham. Continuó el culto del Dios Uni-co y Moisés reveló el nombre de Dios: «**Yo Soy**», el cual permaneció secreto hasta ahora porque no se popularizó la traducción del nombre hebreo **Jehová**.

Te habrás dado cuenta de que cada religión trae dos ni-veles de Sabiduría o de Enseñanza. Una es moralizadora, pú-blica, destinada a formar buenos ciudadanos, buenos padres de familia, hasta una buena ética profesional, todo lo cual daba lugar a la constitución de edificios, iglesias, templos donde se formaban «almas grupo» orientado por la fe. Se propagaba el sistema por medio de rituales, vestimentas, corales, espectáculos casi teatrales, procesiones, etc., especialmente presentados para atraer a los que «**viendo no ven y oyendo no oyen**» como lo expresó el Maestro Jesús.

El segundo nivel de Enseñanza y Sabiduría era secreto porque se basaba en la autoluminación. Éste no se logra sino en el recogimiento, en el contacto con el Ser Superior, la meditación, el silencio, o sea, el alejamiento del mundanal ruido. El peor enemigo de esa autoiluminación, que nos habla la Verdad interiormente, es la Personalidad. Mientras ésta nos domine, es difícil lograr revelaciones internas.

El Maestro Jesús no pudo darle los Misterios Mayores a Pedro ni los demás apóstoles por razones muy obvias: Después de haberlos entrenado en los Misterios Menores. Después de haber vivido tres años junto a ellos. En un momento crucial, Pedro lo negó tres veces. Judas lo traicionó y lo vendió. Los únicos a quienes enseñó los Misterios Mayores fueron a su Madre María y a Juan, el Discípulo Amado. El Ascendido Maestro Saint Germain, Dios Libertad, Avatar Acuario, nos ha revelado en su último Mensaje, que **Él fue Juan en esa encarnación. Y que en San José transmigró temporalmente para asistir y proteger a María y Jesús**.

El Cristianismo Esotérico que Juan recibió y enseñó a sus propios discípulos fue formando el grupo llamado

Juanistas, que llegó a tomar un cuerpo tal que alarmó a la Iglesia de Pedro, el cual comenzó la lucha por declarar herético todo lo que viniera por auto-iluminación.

Los Juanistas tuvieron que emigrar y refugiarse en Europa, pasando por Grecia donde originó el título griego de **Gnostikos**. **Gnosis** significa **conocimiento esotérico de cosas espirituales**. Llegaron a Transilvania donde, a la postre, se formó el Reino de Hungría como defensa política.

La Doctrina Gnóstica Cristiana pudo sobrevivir porque el «Catolicísimo» Emperador de la Casa de Hamburgo anexó Hungría a Austria. El heredero de ese trono era **el Príncipe Rakoczy, jefe del Gnosticismo Juanista y hacedor de la clave de transmutación, que le dio Jesús el Cristo a Juan el Amado como aprobación de todo el proceso de su ascensión.**

Andando los siglos, el esoterista **Rey Sol Luis XIV de Francia** recibió al entonces **Príncipe Rakoczy** de **Transilvania**; y habiéndole hecho donación del castillo de Saint Germain-en-Laye, cerca de París, hizo posible que el Príncipe se presentara en la Corte de Francia con el título de **Conde de Saint Germain**, ocultando así su identidad para evitar que lo reclamara el trono de Rumania. Siempre encarnando el Espíritu de **Juan**. Su verdadero nombre era Leopoldo Juan Rakoczy.

Contemplación
según los Ascendidos Maestros; la forma más alta de orar

En «Palabritas de a Centavo»

*L*a fórmula aparece en Los Misterios Develados del Ascendido Maestro Saint Germain, en la página 11 de la versión original en idioma inglés. Luego aparece en Las Meditaciones Diarias del Bridge to Freedom, en la página para el día Lunes, por el Maestro Guthumí, Maestro de la Sabiduría. Esta humilde servidora no pretende jamás ni abreviar ni mejorar la enseñanza expuesta por los Amados Maestros. Sólo la presenta en la forma sui géneris, ya aprobada por la Jerarquía Blanca, y como un servicio a la humanidad, ya que no se puede vender. Te ruego dejar que la copie quien la desee.

El Salmo 46 dice: «**Aquiétate y recuerda que Yo Soy Dios**». El aquietar es físico, mental y del sentir. O sea, que cuando te sientas angustiado, quebrantado, molesto, tranquiliza tu cuerpo, tu mente y tus emociones. No pienses en nada. Se dice que es muy difícil no pensar en nada, pero te voy a dar un secreto «de a centavo»: Cuando amenaza una tempestad, lo primero que ves es un tremendo relámpago. Ya tú sabes que tras ese rayo va a reventar el trueno ¿Y qué es lo que hace todo el mundo? Se queda inmóvil en actitud de espera hasta que estalla el tronido. Precisamente esa actitud de espera es el acto de no pensar en nada. Aprende a prolongar ese suspenso... y habrás aprendido a no pensar en nada. Te habrás aquietado como lo dicta el Salmo. No sentirás ni pensarás en nada, pero te ocurrirá algo insólito. Nos sucede a todos; y es que en ese silencio, de pronto, te darás cuenta de que estás oyendo fuertemente el latido de tu corazón. ¡Como jamás lo has escuchado y sentido! ¡Por primera vez, y adrede, le has dado a Dios la oportunidad de hacerse oír por ti! Porque ese latido que ahora estás oyendo es Dios en ti. Es tu Vida. ¿Supongo que ya tú conoces «El Latido Universal»? Es la comprobación de que estás vivo. La comprobación de que Dios está en ti, vivo y moviéndose. Por primera vez en el Planeta Tierra se hace conciencia de que el corazón es el «**Templo no hecho con las manos**» que menciona la Biblia y es el auténtico Templo de la Nueva Era. Dios es Vida y lo estarás sintiendo y oyendo en **Su** Templo ¡en tu Corazón!

Ahora vamos a dar el segundo paso del ejercicio. A las siete de la mañana, cuando el sol esté bien visible por encima del horizonte, vete a una ventana a mirarlo de frente. No te alarmes. No es que debes clavarle los ojos, porque no se puede. Es simplemente que le dirijas una ojeada. Sólo una ojeada, porque no se soporta el resplandor, además de que es peligroso el forzar la vista en él. Pero es importantísimo para ti esa ojeada. Se te grabará para siempre el resplandor. La imagen del sol. Es la auténtica

«Radiante, Brillante Presencia de Dios» y necesitas grabártela en tu mente. Vas a sentir el deseo de volver a mirarlo porque es fascinante ese «Manto Electrónico de la Presencia», vuelve a mirarlo tantas veces como te ocurra el deseo, pero sólo una ojeada. Basta para «centrarte en tu Presencia». Ahora, lo que sí debes hacer diariamente es irte asociando a ese resplandor que visualizas con el recuerdo; pensando en el Poder, la Maestría, la Naturaleza de tu Presencia y, poco a poco, tratar de entrar todo tú en ese resplandor de Amor, Vida, Verdad, Luz, etc., diciendo: «**Yo Soy eso**».

Tenemos 13 billones de células en el cerebro solamente. Basta tu voluntad de que te penetre la luz para que se haga realmente. Es la forma de aceptar tu **Ascensión**. Es tu iniciación a un nivel funcional más profundo.

Te doy las palabras del Maestro Kuthumí, de las Meditaciones Diarias:

«Amados corazones, no hagan grandes esfuerzos para ir a encontrar la presencia de Dios. Aquiétense y encuéntrenlo en la paz de vuestro mundo sensorio. Abran los ojos y dense cuenta que el majestuoso poder de Dios está en el latido de vuestros corazones. Ahora permitan que la radiante naturaleza de la divinidad, ardiendo a través de vuestra carne, sea testigo de la convicción que enciende vuestro propio mundo, del todo poder y amor de la presencia de Dios.

Cada mañana, mientras meditas sobre la naturaleza de tu presencia; el poder de tu presencia; la maestría de tu presencia, después de contemplarla por un momento, haz un pequeño esfuerzo adicional y trata de ser esa presencia sólo por media hora. Pero estén alertas al gusanillo de orgullo espiritual que a menudo, en el mero centro de vuestra bella flor espiritual, desea destruir su perfección».

Como te habrás dado cuenta, por encima de todo se destaca una cronología exacta en el Planeta, que sigue sin desviarse la «**Señal de la Cruz**».

En el nombre del Padre, del Hijo y del Espíritu Santo, en un Ceremonial íntimo pero para que lo vean todos los seres humanos; y lo tengan que obedecer, ya que es un decreto que formulan a diario desde la Era de Aries. Es como sigue:

El Templo de Moisés, la Era de Jehová, representa **el Padre**.

La Iglesia Cristiana, Era de Jesús, representa **el Hijo**.

En la Era de Acuario, Era Espiritual, representa **el Espíritu Santo**, como lo dice la Biblia.

El Templo «no hecho con las manos», o sea, **el corazón del hombre donde mora yo soy Dios.**

Te has dado cuenta de que la Gran Hermandad de Saint Germain, siguiendo los postulados del Avatar Acuarius, Dios Libertad, no se exhibió este año en Acción de Gracias pública, ya que la gratitud y la acción de dar gracias al Padre es la ofrenda de Amor, contemplándolo en el corazón de cada hijo, ¡**su único Templo**!

Otro de los últimos boletines de Conny Méndez

¡¡ALERTA!!

Caracas, 18 de octubre de 1979

Te recuerdo lo que dice la Biblia respecto a que éste es el momento en que se multiplican las Sectas y los Grupos que se dicen ser «El Cristo».

Acuérdate de que el Maestro Jesús lo anunció: «Vendrán a ti diciendo: Yo soy de Pedro, de Pablo, etc.».

Tú no eres sino de **tu Magna Presencia**.

Tómate el pulso y, ante el latido de tu corazón, repite: **«esto es vida, esto es Dios»**,… «Yo Soy». «Yo soy». «Yo Soy».

No te dejes amenazar. El que amenaza lo hace porque no tiene ni poder ni maestría. Los Maestros jamás amenazan, porque saben que no hay sino **la Ley** que actúa impersonalmente. Acuérdate de que **Dios** manifiesta **su Voluntad** a través de los hechos y que «por sus frutos los conoceréis».

JUANA MARÍA DE LA CONCEPCIÓN MÉNDEZ (CONNY)

Poema a las madres

*D*ime: ¿quién es aquella que siempre perdona,
Que todo lo olvida sin guardar rencor?
Ayer tus travesuras, hoy tus «locuras»
Te besa, te bendice y te llama su amor.

Ayer tus regueros de ropa, tus corotos
Hoy el mismo cuadro, ¡el baño un zaperoco!
Ella recogiendo, secando, guardando
Por ti, no se cansa de andar curucuteando.

Dormía despierta, la oreja parada
Cuando te sentía, corría alarmada
A tocarte, arroparte, porque estornudaste
Hoy, a ver si por fin ya llegaste.

A nadie le cuenta cómo la exasperas
A veces te grita que la desesperas.
¿Que a veces te grita? ¿Que te vuelve loco?
¿Y cargar contigo, te parece poco?
¿Y cargar contigo, te parece poco?

Hoy que eres grande, soltero o casado
«Aquello», tú sabes ¿Se lo habrás contado?
El negro secreto que guardas profundo
¡Que nadie lo sabe, nadie en este mundo!
¡Tch! Descarga tu alma ¿Vas a callar
Ante la única con que puedes contar?
¡El único ser que no te dejará
Que contra mar y viento te defenderá!

La verás jurando que todo eso es mentira
Que no fue tu culpa. Que alguien te empujó
Nada tendrás que temer de su ira
¡Porque eres perfecto y San Seacabó!

¿Qué quién es esa Santa, esa Mártir Bendita
Que no busca fama, ni gloria, ni ná…?
Pues, la tuya, mía, de todos, igualita
La única que responde al nombre de «Mamá».

Último pensamiento
que Conny nos dejó

Yo Soy *por la Ley del Uno,*
Uno con el corazón de Dios,
Yo Soy *el corazón de Dios,*
en todo el centro del movimiento de las olas del mar
y del viento que las mueve.
Yo Soy *el amor de Dios, padre-madre, dulce y*
tierno en todo movimiento, en todo el mar, símbolo
del Cuerpo Emocional del padre-madre.
Yo Soy *DIOS, que ahora suaviza y desvía toda*
semblanza
de violencia en el corazón de la tierra y del mar.

Gracias, padre, que me has oído.

LUNES 26 DE NOVIEMBRE DE 1979

Numerología

Colección Metafísica
CONNY MÉNDEZ
(1898-1979)

EDICIONES GILUZ
BIENES LACÓNICA, C.A.
DISTRIBUIDORA GILAVIL, C.A.

Introducción

*L*a Numerología fue otra de las prácticas a las que **Conny Méndez** se dedicó por la relación que existe entre ésta y la **Metafísica**.

Aquí les brinda este Tratado de Numerología.

Numerología

Deseo anímico o el ideal
(deseo profundo del alma.
Esto es lo que el Yo Superior
desea que uno haga).
**Ser Latente o Expresión
El Sendero de mi Vida.**

*L*a Expresión o Ser Latente es la suma de tus capacidades naturales, o sea, aquello que expresas más fácilmente por causa de las vibraciones de tu nombre. (Aquí está incluido el tipo de trabajo en que uno se encuentra más cómodo, posibilidades y talento).

Si la suma de todas las letras, o sea, el número de la expresión final está en armonía con el ideal y la fecha de nacimiento, no se tendrá dificultad en elegir nuestra verdadera vocación en la vida.

Los números tienen tres grados de comparación:

BUENO	**MEJOR**	**ÓPTIMO**
MALO	**PEOR**	**PÉSIMO**

Para los Metafísicos son:

CONSTRUCTIVO NEGATIVO DESTRUCTIVO

A nosotros se nos dan los números, nosotros escogemos el aspecto: nuestros números tienen el poder de ayudarnos si elegimos vivir vidas constructivas; porque nos muestran su lado negativo si nosotros nos aflojamos, o sea, no nos ocupamos sino que nos dejamos llevar.

CONSTRUCTIVO	NEGATIVO	DESTRUCTIVO
1. Unidad		
Creatividad, originalidad, independencia, valor, progreso, ambición, positividad, fuerza de voluntad, liderazgo, pionero, actividad, fuerza.	Pereza, imitación, dependencia, egoísmo, inestabilidad, egocentrismo, debilidad, temor, estancamiento, testarudez, contrariedad, echonería, jactancia.	Tiranía, monomanía, iconoclasmo, antagonismo, patán, ego a toda costa, patanería.
2. Dualidad		
Amor, servicio, suavidad, armonía, adaptabilidad,	Vacilación, apatía, indiferencia, timidez, subestimación,	Engañador, disociador, malhumor, crueldad, cobardía, intrigador, mentiroso, pesimista.

CONSTRUCTIVO	NEGATIVO	DESTRUCTIVO
encanto, diplomacia, amistad, ritmo, música, receptividad, cooperación, consideración por los demás.	susceptibilidad, cobardía, adulancia, enfurruñada, descontenta, flojedad, negligencia.	

3. Trinidad

Expresión artística, alegría de vivir, libre de preocupación, optimismo, inspiración, talento, imaginación, buen gusto, sociabilidad, cordialidad, bondad.	Diletantismo (demasiada afición a algo), quejumbroso, crítica negativa, chismografía, extravagancia, vanidad, trivialidad, superficialidad.	Celos, hipocresía, despilfarro, intolerancia, maluqueza.

4. Ciudad Cuadrada, Estabilidad

Funcionalidad práctica, servicio, paciencia, exactitud, organización, aplicación, devoción, patriotismo, conservador, pragmatismo.	Estrechez, rutinario, exigencia, represión, minuciosidad, penuria, pesadez, dogmatismo, crudeza, brusquedad, rigidez, severidad, inflexibilidad, obtuso, lerdo.	Vulgaridad, animalidad, odio, violencia, celos, inhumanidad, rechazo, destrucción, crueldad.

CONSTRUCTIVO	NEGATIVO	DESTRUCTIVO
4. Libertad		
Libertad, progreso, versatilidad, comprensión, variedad, adaptabilidad, curiosidad mental, experiencia de vida, habilidad, libre de ataduras, sociabilidad.	Irresponsabilidad, morosidad, atolondrado, inconsistencia, sensacionalismo y mal gusto.	Libertinaje, perversión, abuso de libertad, sensualidad, vicio (tragos y drogas).
6. Plano Familiar, Orden		
Amor, armonía, hogar, responsabilidad, ajuste, talento musical, compasivo, afinidad, comprensión, domesticidad, protector, estabilidad, balance, aplomo, equilibrio, sanador, firmeza, idealismo, sensatez, justicia, servicio a la humanidad, Cirineo.	Ansiedad, preocupación, entrepitud, trajín, lástima, ideales equivocados, interferencia, convencionalismo, orgullo, engreimiento, esclavitud al trabajo (trabajar sin ganas), abatimiento.	Cinismo, egotismo, egolatría, sospechoso, suspicacia, celotipia, esclavitud, tiranía doméstica.

CONSTRUCTIVO	NEGATIVO	DESTRUCTIVO
7. Plenitud en la Materia		
Análisis mental, técnica, introspección, paz, aplomo, búsqueda científica, espiritualidad, fe, confianza, estoicismo (aguantar sin queja), refinamiento, sabiduría, silencio, teorías y bases fundamentales.	Melancolía, machacador, sermoneador, sarcasmo, frialdad, lejanía, escepticismo, aislamiento, huraña, confusión, desorientación, humillado, nerviosismo, erraticidad.	Infidelidad, turbulencia, ebriedad, malicia, supresión, engaño, robo, trampa, taimería.
8. Reciprocidad, Dar y Recibir		
Poder, autoridad, éxito, libertad material, juicio, discriminación o saber escoger, habilidad ejecutiva, organización, liderazgo, director, practicalidad, cabalidad, digno de confianza, seguridad personal, control y el poder de triunfar.	Esfuerzo excesivo, dureza, materialidad, ambición de sí mismo y monetaria, exigencia de que se le reconozca, intolerancia, preocupación, maquinación, amor al poder, descuido, impaciencia, juicio erróneo, falta de criterio, energía malgastada.	Patanería, abuso, venganza, opresividad, injusticia, crueldad, inescrupuloso.

CONSTRUCTIVO	NEGATIVO	DESTRUCTIVO
9. Yo Superior		
Amor Universal, hermandad, fraternidad, caridad, compasión, la Ley Superior, genio artístico, servicio desinteresado, filantropía, humanidad, magnetismo, compasividad, simpatía, comprensión, romance, generosidad y amplitud de criterio.	Emotividad, egocentrismo, sentimentalismo, disipación de fuerzas, indiscreción, impracticabilidad, veleidad, sueños sin ningún propósito, inconstancia.	Libertinaje, inmoralidad, vulgaridad, amargura, tétrico.
11. Cumplimiento en el Espíritu		
Intuición, revelación, invención, poesía, arte, espiritualidad, fuego, celo constructivo, idealismo, evangelismo, martirio, exhortación e inmaterialidad.	Sin propósito, pasa de una cosa a otra, movilidad, falta de comprensión, fanatismo, superioridad, imposición de la voluntad, idealismo persona (Véase, el 2 negativo).	Miseria, avaro, degradación, deshonestidad, satánico, bandido.

CONSTRUCTIVO	NEGATIVO	DESTRUCTIVO
22. Cumplimiento en la Materia		
Poder en todos los Planos, idealismo, practicidad, dirección internacional, elevación universal, el maestro material.	Promoción (trucos para enriquecerse rápidamente), hablador, complejo de inferioridad, servicio hecho de mala gana, indiferencia (véase, el 4 negativo).	Depravación, magia negra, crimen.

Los números 11 y 22 son los Números Maestros

Cada número del 1 al 9, 11-22, cabe entre 1 y 9; 9 es el ciclo del hombre, el micro-cosmos o pequeño universo, porque del 1 al 9 están incluidas todas las experiencias de que son capaces. El 9 es la raíz cuadrada (hombre) de la Trinidad (Dios).

El 10 se reduce a 1, pero está en un Plano más alto porque marca el regreso a la unidad de la cual se desprenden todas las cosas. Cuando en numerología nos encontrarnos con un 10, lo reducimos a 1, pero nos acordarnos que es 10 y no simplemente 1. Pero hay dos números que no se reducen, que son el 11 y el 22, que son los **Números Maestros** que no pertenecen al nivel del 2 y del 4. Todo el que posee estos números en su nombre o en su fecha de nacimiento debe saber que está dotado con cualidades de líder o inspiración que no son dados a la mayoría. La misión de estos dos números, cada uno en su propio ángulo, es el servicio desinteresado por la humanidad; les son dados únicamente a las almas viejas cuyas experiencias les han capacitado para ser líderes y Maestros. Son números de alta tensión y gran poder, difíciles para cumplir con ellos por sus requisitos estrictos.

El 11 es el místico, el soñador, el visionario impráctico. Vive en las nubes y recibe sus ideales y visiones de los altos Planos; generalmente, es clarividente, aunque no siempre se da cuenta de que lo es. Tiene poder para darle al mundo una revelación, por lo cual puede o no recibir su recompensa en la Tierra. Si él no busca nada para él mismo y dedica su vida al servicio de la humanidad, es posible que gane gran fama, ya que la vibración del 11 es eléctrica y de largo alcance. Si busca el escenario para su propia glorificación, será golpeado por su propio relámpago. El 11 tiene poca consideración por el tiempo, lugar, compromisos, la hora, ya que vive en las nubes, donde esas cosas responden a un ritmo diferente del nuestro. El 11 es demasiado impráctico para ser un buen compañero diario, pero es el Maestro, Mensajero y Vocero de los Dioses.

El 22 es el idealista práctico que ha visto la visión del 11 y tiene el poder de traerlo al uso tangible en beneficio de la humanidad. Él es el Maestro material que concibe grandes planes, proyectos y logra grandes resultados. Debido a la vibración tan alta de estos dos números (22 y 11) se sabe que han causado locura en aquellos que no tienen el equilibrio suficiente para manejarlos. Nunca se reducen el 11 y el 22 cuando aparecen como resultado final del ideal, de la expresión y del sendero de vida, cuando ellos caen en medio de las cuentas y forman parte del total, se suman los dígitos separados solamente por conveniencia, pero no se pierda de vista su presencia, ni se olviden sus cualidades.

Clasificación general
de los números

*L*os que tienen la mayoría de las letras en **El Uno** han venido con el propósito de individualización, creación, ser pioneros, poderse expresar, son separatistas y a menudo egocentristas. El lema de ellos es **Mío.** Los que tienen la mayoría de las letras bajo **Los Muchos** incluyen su propia familia, su comunidad y su país. Trabajan con las masas sin separarse de ellas, tienen el sentido de responsabilidad que se extiende más allá de su **Yo.** El lema es **Nuestros.** El 7, aunque separándose del mundo de la forma todavía se considera entre los muchos en conexión con «teorías y bases fundamentales», pero el 7 permanece como un puente entre los dos. Aquellos que están bajo **Los Todos** aman a la humanidad en primer término, luego a la familia y a la comunidad más impersonalmente. No hacen distinción de raza, ni credos, sirven y viven para el bien de todos. El lema de éstos es **Vuestros.**

El Uno	Los Muchos	Los Todos
1 2 3	4 5 6 7	8 9 11 22
A B C	D E F G	H I K V
J K L	M N O P	Q R
S T U	V W X Y	Z

Cómo encontrar el ideal

*L*as vocales son el alma del lenguaje. Las vocales en tu nombre dan la vibración de tu deseo del alma o ideal.

La **K,** undécima letra del alfabeto, y la **V,** que es la vigésimosegunda letra, tienen el valor de 11 y 22, respectivamente, números maestros que se quedan sin reducir. Se suman las vocales aparte de las consonantes para descubrir la vibración del alma. Se suman las de cada nombre y se reducen a un solo dígito los números de esas vocales.

Más tarde, tu querrás saber qué clase de dígitos tienes al final, o sea, lo que hay por detrás de ese dígito o lo que contiene, y entonces se verá la suma de cada nombre por separado. Pero hasta el momento en que estés familiarizado con el significado de los números, considera únicamente los dígitos finales.

El resto vendrá después más fácilmente. Te sorprenderá lo que los números te dirán sobre ti misma, lo que ya tú sabes, lo que medio sospechabas y lo que siempre deseabas que fuera verdad para descubrir el ideal.

Número 1 (ideal)

Desean dirigir, ser guías, líderes, relacionan todo con ellos mismos. Prefieren trabajar solos o con inferiores. Se sienten orgullosos de sus habilidades y quieren que por ello se les alabe. Buscan oportunidades para lucirse. Desean crear y ser originales. Quieren entenderse sólo con las cosas más importantes de todo, dejándole los detalles a los demás. Quieren sentir que su consorte, sus hijos, su hogar sean prestigiosos para ellos. Que su familia les honre. Quieren dominar cualquier situación en que se encuentren. No son muy emotivos y el amor no es muy necesario para su felicidad. Son capaces de grandes logros, son leales en la amistad, estrictamente justos en los negocios, líderes seguros, un poco echones, ególatras, criticadores, impacientes en las menudencias. Todos los números 1 necesitan cultivar la bondad y el interés humano.

Número 2

Quieren y necesitan amor, la sociedad y la compañía, quieren trabajar para los demás y junto con ellos. Desean armonía y paz. No les importa no brillar, quieren holgura y confort sin exigir fortuna ni lujo. No son ambiciosos, no insisten en el reconocimiento de sus derechos y de su punto de vista. Son bondadosos, considerados, son pacificadores y diplomáticos. Atraen cantidades de amigos, aun a aquéllos que son enemigos mutuos, guardan todos los secretos, los propios y los de los demás. No son demasiado francos por temor de causar desdicha. Son muy sensibles y emotivos, se enamoran fácilmente y lloran con frecuencia. Son indulgentes y delicados, se dejan embaucar fácilmente, no tienen tendencia a la disciplina para ellos ni para otros. Bonachones, armoniosos, cariñosos, aman todas las cosas rítmicas y musicales. No piensan en la puntualidad ni rigidez. Se contentan con poco, son, a menudo, estudiosos, acumulan mucha sabiduría, atraen muchas cosas hacia ellos, las absorben fácilmente. Los números 2 necesitan cultivar firmeza de propósito, necesitan definirse.

Número 3

Quieren dar alegría, dicha y felicidad. Quieren derramar su amor, actividades, energía y talentos, quieren popularidad y muchos amigos, quieren belleza en todos sus contornos.

Nunca se preocupan ni permiten que la depresión los domine. Toman la vida como ella se presenta y se ríen de la decepción y el fracaso. Relacionan todo en la vida con lo emocional, pero nunca trágicamente. Nunca se conduelen por errores de matrimonio, de amor o de negocios; ellos vuelven a ensayar. Nunca piden más de lo que encuentran, siempre están interesados, entretenidos.

Siempre artísticos y expresivos; les encanta recibir y que todo el mundo se divierta. Aman a los niños y animales domésticos. Aman, cortejan, aunque no son infieles. Hacen de la vida un Juego. Todos los números 3 necesitan cultivar **concentración y paciencia**.

Número 4

Quieren respetabilidad y solidez, quieren servir y ser una roca de seguridad, siempre están dispuestos a sacrificarse para que otros se beneficien; son disciplinados hacia él y otros. Aman su hogar, su familia y su país. Les gusta que les estipulen el trabajo que deben hacer y hacen exactamente lo que se les encarga. Condescienden ante su superior, su conciencia y

tradición. No les agradan las innovaciones. Aman el orden y
la regularidad. Son constantes, fieles y seguros. Necesitan y
quieren mucho amor, pero a menudo lo rechazan por su propia austeridad. Odian la pretensión y la insinceridad. Son de-
tallistas y metódicos. Tienen gran orgullo familiar y de las
convenciones. Los números 4 necesitan cultivar **amplitud de
criterio y deshacerse de lo caduco.**

Número 5

Quieren la libertad personal en todas las direcciones.
Quieren cambio, variedad y constantes nuevas oportunidades. Un permanente volver a empezar. Quieren saber de
la vida en todas sus fases. No les molestan ni las convenciones ni las ideas ajenas. Aman los placeres, viajes, de-
portes, artes, ciencia, música, idiomas. Odian esperar y
quedarse. No pueden someterse a la rutina o al detalle.
Aman la gente extraña, las caras, cosas y lugares nuevos.
Son progresistas intelectuales, emotivos,versátiles y, a
menudo, espirituales. Se adaptan a cualquier condición,
país o clase de gente. Inyectan nueva vida a todo lo que to-
can y siguen adelante sin detenerse con rapidez. Necesitan
muchos y variados intereses. Luz de sol y multitudes. Se
deshacen fácilmente, no se atan a nada. Toman las responsabilidades o nada (no les gusta). Los números 5 necesitan
cultivar **lealtad, paciencia y firmeza de propósito.**

Número 6

Quieren responsabilidad, amor constante, hogar, domesticidad, raíces. Son buenos consejeros y amigos lea-

les. Es un refugio y un asilo para aquellos que necesitan consuelo o abrigo.

Se inclinan al convencionalismo, pero tienen la mente amplia y son comprensivos. Aman la holgura, el confort, la belleza, la música y la armonía. Son artísticos, amables y comprensivos. No tienen ambición de hacerse un gran nombre. Quieren corregir y ajustar todo lo que marcha mal y la vida de todos. Son una especie de padre cósmico o guardián. Tal vez fue el inventor del dicho: **debería existir una Ley que se ocupara de eso.** Son buenos jueces cuando sus emociones no están demasiado involucradas en el asunto. Centran su vida en su casa y en sus seres amados. Aman trabajar con los demás, nunca solos. Les gusta la alabanza, las gracias, pero rinden servicio con gusto. Los números 6 necesitan cultivar firmeza, para balancear sus emociones y su juicio, **una actitud menos personal**.

Número 7

Desean silencio y paz para vivir su vida interior. Quieren poder meditar sus sueños de perfección. Detestan el ruido, el bullicio, la confusión del mundo de los negocios. Son poco comprendidos porque son muy retraídos y solitarios, detestan lo nuevo, lo repentino o efímero. Aman los viejos jardines, cuadros, muebles patinados por el tiempo. Detestan ensuciarse las manos o establecer contacto cercano con las realidades de la vida. Les gusta analizar, disecar, examinar y considerar desde todos los ángulos. Van a la raíz de todas las cosas y preguntan la razón del por qué. Les gusta estar solos, pero temen la soledad y la pobreza. Son conservadores, refinados, reservados y espirituales. Son buscados por su sabiduría, pero no brillan en sociedad, son tímidos y no tienen letra menuda. Son profundamente emotivos, pero les horroriza que se lo vean. Someten todo a un análisis mental agudo, quieren que los detalles estén perfectos antes de pasar al próximo. Son un pozo de secretos antes de patuales, científicos, filósofos o meta-filósofos. Para amarlos hay que conocerlos. Todos los números 7 necesitan cultivar la comprensión, la compasión, evitar el temor y la melancolía. Deben aprender a vivir solos, pero no sentirse solitarios.

Número 8

Ansían asuntos grandes y el poder de manipularlos. Quieren éxito en todas las cosas materiales. Aman la organización, la construcción, las finanzas. Aman las grandes operaciones del mundo financiero, les gusta manejar y dirigir, tienen habilidad para los grandes logros y acumulaciones. Son generosos, amplios de mente, poderosos. Se puede confiar en ellos. Tienen fuerza, entusiasmo, valentía, ecuanimidad y determinación. Les gusta luchar contra la oposición confiando en su propia victoria. Pueden ser dominantes y exigentes, pero no se economizan ellos mismos, o sea, que ellos saben dar o rendir. Puede gustarles el dinero y el lucimiento, pero son la piedra angular de la comunidad. Tienen visión e imaginación para hacer que sus esfuerzos produzcan. Son eficaces, ejecutivos de excelente criterio. Son un poder del bien. Todo número 8 necesita cultivar la justicia y la tolerancia hacia los más débiles y menos eficientes.

Número 9

Quieren servir al mundo entero, quieren darle a todos los beneficios de sus conocimientos y experiencias. Son los intérpretes de la grandeza que hay en la vida, son los grandes amantes. Dan de sí mismos sin pensar en su propio empobrecimiento. Tienen fe ilimitada en su propia fuente de proveeduría. Son los hermanos universales: compasivos, comprensivos, servidores. Tienen sabiduría, intuición, amplitud de mente y de criterio. Quieren amor personal, pero pertenecen al universo, sufren a través de sus emociones y eliminación de personalidad. Son atractivos y amados de todos. Están dispuestos a dar su vida por la humanidad. Son grandes artistas y quieren que su mensaje beneficie al mundo, quieren proyectar a largo alcance sus talentos y sus emociones. Los números 9 necesitan cultivar el balance, el control emocional y necesitan definirse.

Número 11

Quieren revelar las bellezas que han visto y conocido. Quieren predicar la necesidad de vivir fiel a los ideales. Quieren que todos los hombres aprendan su propia idea de Dios. Son imprácticos, pero aparentan ser prácticos. Proveen remedios universales, pero no comprenden las necesidades humanas. Son siempre universalistas, nunca preocupados por el individuo. Son los soñadores y visionarios con la pasión de la salvación y elevación, aman a sus ideales en vez de a su prójimo. Insisten en el derecho según lo ven, sin ocuparse de la ecuación humana. Tienen gran fuerza interior y la devoción del mártir. Quieren escoger sus amigos entre aquéllos de su propio nivel, clase o especie. Tienen una mente tipo eléctrica, capaz de inventos notables. Los números 11 necesitan cultivar la comprensión humana.

Número 22

Quieren ser perfectos constructores para el bien y la seguridad de todos. Aman la forma, pero desean que esté perfectamente construida para el uso. Comprenden la necesidad de ser prácticos en un mundo práctico. Representan el poder al máximo grado y son dueños de toda situación. Son respetados, seguidos y nunca delatan una confidencia. Ellos representan el ideal realizado. Son los verdaderos maestros albañiles, construyendo para la eternidad. Tienen sus ojos colocados en las estrellas pero sus pies sobre la tierra. Tienen el liderazgo del número 1; la bondad del número 2; la imaginación del número 3; la paciencia del número 4; la libertad del número 5; el equilibrio del número 6; la espiritualidad del número 7; el poder ejecutivo del número 8; el amor a la humanidad del número 9; la visión del número 11 reunidos en su sobrehumano 22. Todos los números 22 necesitan cultivar la constante adhesión a sus ideales en medio de la materialidad.

Tu Ser Latente
y que estás expresando

Tu Ser Latente es la suma de las consonantes. Este número es latente porque no está activo en tu vida diaria. Tus vocales siempre están activas en tu alma. Tus vocales y tus consonantes conjuntamente están activas en tu expresión. La suma de tus consonantes eres tú en reposo. El número de las consonantes es tu propio secreto, porque eres tú desprovista de la necesidad de aspirar o ambicionar. Eres tú cuando estás sola. Sola, ocupada con tus propios sueños. Que no estás obligada a responder a influencias exteriores. Cuando una persona entra en tu atmósfera, tienes una reacción y ya no estás en estado de reposo. Estás consonante. La forma de hacerlo es con tu nombre y bajo de cada consonante colocar el valor numérico. Entonces consultas la tabla para encontrar el valor numérico y observas si el resultado no representa aquello que tú estás soñando cuando nadie te está observando.

Número 1

Valerosa, atrevida, soñando con caminos aún sin conquistar y alturas sin alcanzar. Tú te imaginas ser la líder, la instigadora, la promotora de nuevos proyectos y empresas hasta ahora sin concebir.

Número 2

Protegida, amada, confortada, rodeada de tus seres queridos, ves tu hogar y tus hijos en atmósfera de paz y armonía, contigo de centro, sirviendo y comunicando el confort a todos en formas pequeñas y disimuladas, sin destacarse mucho. (En realidad hace todo y parece que no hiciera nada.)

Número 3

Tu imaginación te pinta popular, atractiva y muy buscada, siempre tienes un público apreciativo y todos tus dichos y hechos son aplaudidos. Tú te ves expresándote en el arte, derramando belleza y felicidad por donde vayas.

Número 4

Tú eres un pilar de la sociedad del cual todos dependen. Te ves trabajando incansablemente por los premios del logro, del deber, del amor y la apreciación. Tú eres la patriota firme, reconocida como la salvadora de tu país.

Número 5

Eres libre de viajar a todos los países del mundo, sin ataduras ni responsabilidades, te ves conversando en todos los idiomas, mezclada con nativos de muchas tierras y viviendo sólo para la aventura y la experiencia de la vida.

Número 6

Eres el centro de una familia que te adora. Tienes un hogar bello y artístico y mantienes sus puertas hospitalarias de par en par. Estás rodeada de flores y música y amas la responsabilidad de manejar una casa en perfecto orden. Tu panorama del futuro es tu amor y tú, caminando abrazados en tu bello jardín, o de manos cogidas, las cabezas blancas muy juntas sentados frente a la chimenea. Tu número 6 superior te hace verte como la consoladora y ajustadora cósmica.

Número 7

Te ves en una bella biblioteca llena de raros libros, cuadros selectos y muebles antiguos y tu propio jardín en pleno florecer. Muchos vienen a ti para oír sabiduría de tus labios, pero gran parte de tu tiempo lo pasas callada meditando. Te ves con un traje largo, bellamente bordado con los símbolos que más te gustan. Eres la sacerdotisa y mística cuya mente es el depósito de la sabiduría antigua.

Número 8

Estás en muchas juntas directivas, presidente de Bancos y Compañías, tu serie de oficinas están ricamente amuebladas y tu cuerpo de empleados es muy grande. Tú conduces tus negocios en gran escala y te ocupas de asuntos internacionales.

Número 9

Eres una de las grandes artistas mundiales. Estás llena de amor por la humanidad y te entusiasma servir, no importa lo que te cueste. Ansías el amor personal y la felicidad, pero comprendes que tu misión es servicio impersonal y que allí radica tu único chance de felicidad. Altamente emotiva, comprendes los sufrimientos ajenos. Muchos vienen a ti por consuelo y consejo. Te miras como una espectadora contemplando las luchas y errores que ya has superado.

Número 11

Eres una de las mensajeras que tiene que ir a todo el mundo, predicar el evangelio a cada criatura. La luz del fuego divino está en sus ojos y a través de tus exhortaciones inspiradas llevas a muchos a la verdad como la ves tú; tú morirás por tu fe y tu martirio.

Número 22

Tú sueñas con la unión de todas las naciones y países en actividad constructiva, tú proyectas grandes ferrocarriles y vías de agua que aligeren el comercio y el intercambio internacional. Sueñas con maneras de hacer que la tierra dé sus tesoros para beneficiar a todos. Tú construyes grandes fábricas, que son modelo de belleza, maravillas de eficiencia y la dicha de todos los privilegiados que en ellas trabajen. Tus sueños toman forma.

Qué estás expresando

*T*u expresión se encuentra en la suma de todas las letras
de tus nombres. La esencia de las vibraciones que com-
ponen el gran total que eres tú. Para descubrir esto, volvemos a escribir el nombre y colocamos el número de
cada letra bajo el nombre. Luego sumas. Hemos llegado
al total de cada nombre separadamente y reducido cada
total a un dígito final. Luego reducimos la suma de los
totales a un dígito final. Ahora estamos preparados para
hacer la tabla completa, sumando las vocales (ideal),
consonantes (ser latente) y expresión total. Nunca bus-
ques la expresión sumando el ideal con el ser latente,
siempre usa el tercer proceso poniendo las letras en una
línea separada, pues usando el método más corto pueda
que pierdas un número 11 o un número 22 o encontrar
uno que no le pertenece a la expresión. Por medio de re-
ferencias frecuentes a la tabla de los tres aspectos, en el
capítulo primero, pronto aprenderás a reconocer el significado general de cada número. Sin embargo, cada número tiene también un significado específico de acuerdo
con su colocación en la carta, sea ésta el ideal, ser latente, expresión o sendero vital; y, por esta razón, hay una
tabla separada para cada división. Nos interesa saber si la
mayoría de nuestros números son nones o pares, ya que
esto nos da una información sobre nosotros mismos. Los

números impares, 1-3-5-7-9-11, son inspirados y artísticos. Los números 1-6-22 son duales porque son artistas
inspirados por dentro, pero son capaces de expresión en
la forma exterior. Puede que tengas una mezcla de ambos,
de manera que busca por detrás de los números finales de
tu ideal y expresión en los dígitos de tus nombres separados y cerciórate de cuáles tienes mayor cantidad. El número final es el más importante. El gran interior:
1-3-5-9-11. El gran exterior: 2-4- 6-8-22. El dual: 1-6-22.
Los del gran interior prueban todas las cosas subjetivas y
emocionales, la visión es amplia e idealista, aman el arte,
la belleza, la espiritualidad, son soñadores. Ellos buscan
la iluminación. Los del gran exterior prueban todo objeti-
vamente por su utilidad y funcionalismo; ellos están más
preocupados por la construcción, la actividad y el poder
material: son hacedores, buscan el éxito.

Tabla de expresión

Número 1
Pionero o explorador, creador o engendrador, inventor, líder, director, jefe, jefe ejecutivo, gobernador, general
o capitán, cabeza de institución. Dueño o editor de periódicos o revistas, dueño o cabeza de cualquier negocio.

Todo número 1 puede comprar o vender. Si otras vibraciones destacan sus cualidades mentales, a menudo se
encuentran como escritores o abogados. Si se inclinan ha-

cia el lado creador, se encuentran entre las mujeres muchas modistas y diseñadoras, que insisten en que no les molesten para llevar a cabo sus propias ideas.

Número 2

Diplomático o político, hombre de estado, psicólogo, estudiante o maestro, secretario u operario de oficina, compilador o estadista, obrero especializado, doméstico, artista, pero cantor de coro o bailarín de grupo, psíquico o medium; todos los números 2 se adaptan a ocupaciones en las cuales trabajan asociados con otros. Ellos no guían, son seguidores, son voceros de otros y pacificadores de todos por su tacto innato y deseo de armonía. Encontramos entre ellos nuestros más grandes diplomáticos, por su reacción instintiva al ritmo en todas las cosas; encontramos entre ellos buenos músicos y bailarines. Se encuentran más cómodos en ocupaciones donde el detalle y la minuciosidad son importantes.

Número 3

Artista en palabras, cantor, escritor, poeta, dramaturgo, actor, orador, artista en música, ejecutante en cualquier instrumento. Artista en tela, diseño y dibujo. Crítico de conferencia o escritura. Animador en escena, club o sociedad, organizador o líder social. Trabajador social, sacerdote o misionero, joyero, sombrerero, decorador o modisto. Todos los números 3 pueden vender por sus métodos de presentación efectivos e imaginativos. Están más cómodos en las alegres decoraciones. El número 3 mental se inclina naturalmente a la escritura; el emocional, a la actuación y el canto. Los más frívolos, a la sociedad y al adorno o decorado de la misma.

Número 4

Autor de obras técnicas, economista, técnico y estadista, profesor o instructor, organizador, ejecutivo y comprador. Científico, contador, operario técnico. Médico o cirujano, químico en la manufactura, electricista, constructor, maestro de obra, horticultor, músico de orquesta. Todo número 4 se expresa mejor en los medios materiales. Es altamente mental; elige escribir o enseñar. Se empeña en la organización, sistema o a la precisión. Entre las mujeres, encontramos muchas costureras y muchas son domésticas rutinarias.

Número 5

Senador, oficial del servicio civil, líder cívico, abogado, detective, jefe de servicio secreto, escritor o editor, actor, animador, orador, promotor, crítico dramático, jefe de dirección en teatro, agente viajero, profesional, especialista de minas o eléctrico, inventor científico. Los números 5 saben hacer de todo, son hábiles en todo, son los mejores vendedores porque comprenden todos los ángulos de aproximación, son simpáticos, amables y caen bien en todos los grupos. Su mayor éxito es en las ocupaciones que los ponen en contacto con la gente. Se sienten infelices en una oficina y tienen que tener perfecta libertad de palabra y acción y son viajeros natos.

Número 6

Artista, actor dramático o músico, médico o enfermera, jefe de hospital, obrero social, jefe de una institución de personal, maestro o escritor, ejecutivo de hotel, restaurant o salón de té, ocupado en alimentos y bebidas, matrona de hospital, ayudante de las madres, guardián profesional (de kinder) el padre o madre cósmica. Los números 6 necesitan una situación de responsabilidad y confianza. Ellos regulan, armonizan y ajustan, tienen éxito en todas las ocupaciones conectadas con el hogar, instituciones o proyectos que tiendan a mejorar las condiciones materiales, civiles, educacionales. Se interesan en el cuido de los ancianos, en el entrenamiento de la juventud y el mejoramiento en toda la comunidad.

Número 7

Legalista, juez, abogado, científico, experto en electricidad o minas, banquero, contador, experto corredor de bolsa, relojero, tejedor, experto en alfombras, inventor, escritor, escritor técnico, científico o filosófico, editor. Decano de universidad o administrador, clérigo, obispo o papa, naturalista, horticultor, astrónomo, ocultista, autoridad en religiones, ceremonial y música sacra. Los números 7 nos dan la palabra final en cualquiera forma de expresión en que actúen. Son perfeccionistas y no hablan hasta que no estén seguros. Se sienten cómodos en cualquier línea de trabajo ejecutivo que no lo lleven al campo mecánico de un negocio. Ellos son los pensadores y los sapientes.

Número 8

Financiero, corredor de bolsa, banquero, director ejecutivo, magnate comercial, constructor o dueño de valores y ferrocarriles; manufacturero, fabricante, comprador y vendedor en gran escala, jefe de corporación, consultor, promotor ejecutivo, periodista, experto en comercio, navegación, transporte, patrón de arte en lo comercial, organizador de caridades. Negocios grandes es el slogan del número 8. Él tiene su mayor éxito cuando se ocupa de las cosas grandes materiales de la vida. Siempre ganará si se mantiene positivo y no admite limitaciones.

Número 9

Artista en cualquier línea. Si es actor, se inclina hacia la tragedia, maestro, sanador, predicador, reformador, escritor, compositor, patrón del arte en el lado artístico, juez, abogado criminal o penal, consejero, médico cirujano, filántropo, humanitario. El número 9 da libremente de sus emociones en todas las formas de expresión, trabaja mejor en aquellos departamentos de la vida donde la inspiración, la bondad y la comprensión humana son esenciales.

Número 11

Evangelista, ministro protestante, reformador, trabajador social, psicoanalista, psicólogo, filósofo, maestro, escritor religioso, trabajador de caridad, líder de movimientos ideales, actor inspirado, explorador, inventor. Todos los números 11 buscan expresar sus ideales, son más felices cuando pueden encender la luz de su propia visión e inspiración. Ellos no están adaptados al mundo de los negocios.

Número 22

Constructor marítimo, comprador en grandes empresas, maestro, escritor, reformador práctico, líder, gobernador, estadista, mandatario, experto en eficiencia, director de asuntos mundiales, organizador de obras públicas y utilidades, benefactor público. Los números 22 abren nuevos campos y construyen los caminos que hacen fácil el acceso a ellos. Establecen comunicaciones internacionales y controlan eficazmente el todo y las partes. Embellecen mientras construyen.

A qué te pareces

Mira a la gente que conoces, incluyéndote a ti, y decide el número que les cuadra a la impresión que ellos hacen sobre ti o en ti y luego compáralos con estos escritos para ver si esta impresión no tiene un lugar prominente en ellos. Tus tres números principales son tu Ideal, tu Expresión y tu Sendero de Vida. ¿Te pareces tú a alguno de estos tres? ¿A cuál?

La impresión es un gran factor en el mundo hoy si es que tú estás haciendo lo que más deseas hacer y para ello tienes un contrato de por vida, no tienes que preocuparte por tu apariencia, pero pocos tienen esa seguridad y muchas grandes oportunidades se han perdido porque el individuo no llevaba la imagen. No hay regla infalible para descubrir el número de la impresión, ya que causamos distintas impresiones en momentos diferentes, pero harás bien en consultar cuidadosamente la tabla de la impresión, relacionando los números a tu propio Ideal, Expresión y Sendero de Vida, y luego tratar de actuar y de aparentar el número que más te ayude. Hemos notado que la impresión usual es la de la Expresión: no llevamos el corazón por fuera de manera que tu apariencia no puede informarle al mundo el número de tu Ideal. La gente tiene que conocernos para podemos calificar correctamente, eso ya elimina nuestras vocales; nadie puede contemplar nuestro ser latente de manera que eso elimina las consonantes, entonces ¿cuál es el total? Habitualmente nos apropiamos cierta cantidad de color de aquel trabajo que estamos siempre haciendo. Si somos grandes ejecutivos, habitualmente llevamos un aire de eficiencia y prosperidad; si somos madres de una larga familia, nos mostramos cómodas, satisfechas y positivas o angustiadas, preocupadas y negativas. Si estamos obligadas a trabajar todo el día en detalles agotadores, nos vemos cansadas o desanimadas. Todos estamos en peligro de vernos iguales a aquello que hacemos o a aquello que nos ocupa. Si eso es lo que queremos muy bien y a veces es hasta aconsejable. Si no queremos, lo podemos cambiar. Examina esta tabla y selecciona convenientemente.

Tabla de impresión

Número 1
Original, de fuerza, dominante o dominador, físico fuerte, usa rayas anchas, patrones llamativos, colores decididos. Si es negativo, no tiene distinción, es de personalidad incolora.

Número 2
Dulce y moderada, voz suave, tímida, habitualmente gordita, usa colores naturales, nunca llamativa. Si es negativa, es descuidada, a menudo sucia, tacones comidos y azorada.

Número 3
Atractivo, un pozo de personalidad, ánimo conversador, siempre bien vestido en perfectas combinaciones de colores. A las mujeres les gusta los faralaos y los enca-

jes. El número 3 impone la moda. Si es negativo, es joro-
bado, hosco, pesado, inarmonioso que se destaca.

Número 4

Sólido, preciso, digno, hecho a la medida, alto, a
menudo huesudo, usa excelentes y duraderas telas, colores naturales. Si es negativo, caras arrugadas, labios muy
finos, ángulos severos y orgulloso de su simplicidad.

Número 5

Destacada, atrae la atención, muy divertida, físico
imperfecto, usa colores llamativos y combinaciones ra-
ras. Si es negativa, escandalosa, cargada de baratijas,
maquillaje cargado o escandaloso.

Número 6

Callado, armonioso, buen gusto, aspecto acomoda-
do, paternal o maternal. Usa ropa buena, buenos colores,
pero prefiere la comodidad a la moda. Crea una atmósfera de armonía y bienestar. Si es negativo, es manganzón,
bolsudo, gordo, descuidado, indiferente o ineficiente.

Número 7

Callado, lejano, equilibrado, inmutable, manos y pies
finos, ropa bella y armoniosa. Las mujeres usan colores pas-
tel. Si es negativo, es nervioso, dicharachero, llamando la
atención para esconder su falta o incomodidad, vulgar, usa
telas ordinarias y combinaciones feas, malas o inarmoniosas.

Número 8

Próspero, atractivo, irradia fuerza y eficacia, físico
fuerte, personalidad dominadora, inclinado a la pompa y

ostentación, genial, sociable, usa materiales caros, pesados, cuida el detalle (los guantes, corbatas, zapatos), exigente. Si es negativo, es malhumorado, malucón, sobrecargado de trabajo, usa ropa barata sin planchar, no cuida el detalle, voz estridente o chillona.

Número 9

Romántico, artístico, bello, fuerte, viril, juvenil, impresionante personalidad, cortés, amable, impulsivo, emotivo o emocional, siempre bien vestido y cuidado, belleza y armonía en telas y colores. Si es negativo, ansioso por caer bien, tratando siempre de causar impresión, deseoso de atención, siempre lleno de promesas vacías, la ropa se la pone por hacer efecto, pero abandonado en los detalles.

Número 11

Refinado, espiritual, inspirado, con una luz de lejanía en los ojos, personalidad vibrante, usa bellas telas del más fino tejido, suaves. Si es negativo, ama la pompa y la ceremonia, insiste en manejarlo todo, usa ropa ordinaria y colores chillones.

Número 22

Armonía y poder combinados. Necesita mucho espacio y aire, nervioso e inquieto, pero equilibrado y capaz, tiene tacto, amable y congenia. Usa ropa que se destaca por su corrección y buen colorido. Si es negativo, no hay poder, caras duras, descontentas, reprimidas o frías y déspota; ropa escandalosa, sin atractivo y descuidado.

Sendero de Vida

*É*ste es tu destino; esto se encuentra sumando el día, el mes y el año en que naciste.

Es tu iniciación respecto a lo que viniste a hacer a la Tierra. En numerología, siempre reducimos sumando hasta que quede un solo dígito, porque queremos saber la esencia de las diferentes vibraciones, o sea, el resultado final. Esta regla se emplea en el Sendero de Vida siempre con excepción de los números 11 y 22.

Los meses se enumeran de acuerdo con su posición en el calendario. Enero es número 1, Febrero el número 2, etc., hasta Octubre, que es el número 10, que es 1. Número 1. Noviembre, el undécimo mes, es un número maestro, pero Diciembre se convierte en el número 3. Los días están numerados de acuerdo con el número del calendario y también son reducidos con excepción del 11 y 22.

Los años se numeran de acuerdo con sus dígitos en el calendario como sigue:

1931 es igual a $1 + 9 + 3 + 1 = 14$; $4 + 1 = 5$.

Se reducen a menos que su total sea 11 ó 22.

Ejemplo:

$1901 = 1 + 9 + 0 + 1 = 11$ sin reducir.

$1876 = 1 + 8 + 7 + 6 = 22$ sin reducir.

Para encontrar el Sendero de Vida

*E*jemplo: George Washington nació el 22 de febrero de 1732.

Febrero   22   1732
Febrero = **2**. El día **22** no se reduce. 1732 =
$1 + 7 + 3 + 2 = 13: 1 + 3 = $ **4**
Conclusión: $2 + 22 + 4 = 28: 2 + 8 = 10 = 1$
Sendero de Vida = 1

En este ejemplo, el 22 del día en que nació George Washington es una de las partes o ciclos de su Sendero de Vida y no alcanzamos a verlo en el total final y por eso no lo desaparecemos reduciéndolo a 4.

Hay otro ejemplo que fue Hervert Hoover, quien nació el 10 de Agosto de 1874.

Agosto   10   1874
Agosto = **8**. El día **10** = 1. $1874 = 1 + 8 + 7 + 4 = 20: 2 + 0 = $ **2**
Conclusión: $8 + 1 + 2 = 11$
Sendero de Vida = 11

En este segundo ejemplo, la suma final no se debe pensar como si fuera un número 2. El número del día en que tú naciste es un factor de alta importancia en tu vida de modo que estos números serán considerados aparte en un diagrama.

Tabla de Sendero de Vida

Número 1

Individualización: Tiene que aprender independencia y adquirir la habilidad de manejarse solo; tiene que fortificar sus propios poderes, usar su cabeza para inventar sistemas originales, nuevos, es decir, crear. Debe rechazar limitaciones, debe saber colaborar o cooperar sin perder la individualidad, guiar, controlar y dirigir. Tiene que desarrollar el cuerpo, la mente, el espíritu a su más alto punto de eficacia. Encontrará su oportunidad haciéndose invalorable en cualquier situación en que se encuentre y así tendrá rápido avance al punto de ser líder. La atracción en el Sendero número 1 no es hacia las masas sino hacia los individuos. Su elemento es el Fuego y se siente bien en el Norte.

Número 2

Asociación: Tiene que aprender a sumergirse y a seguir las indicaciones de otros. Tiene que ser el pacificador, diplomático y mediador. Tiene que trabajar cuidadosa y pacientemente en los más mínimos detalles, dominado por la idea del servicio y la cooperación. Tiene que aprender el poder del silencio, debe aprender a mezclarse con todo el mundo. No debe buscar reconocimiento ni alabanza personal. Debe considerar como importante la bondad, la simpatía y los sentimientos ajenos. Tiene que cultivar la amistad y ser leal a ella. Debe ponerse bajo la Ley de Dar y Recibir. Debe aprender a expresarse a través de la paciencia y la persistencia, nunca por el dominio. Aprende a escuchar y a absorber. Encontrará su oportunidad en la diplomacia y entre los muchos amigos quienes se encargarán de pelear por usted. La atracción del Sendero número 2 es sobre los grupos o comunidades. Su elemento es el agua, es adaptable a todas partes, pero más feliz cerca del mar.

Número 3

Expresión personal: Tienes que aprender a dar de ti mismo, libre y gozosamente. Tienes que cultivar contactos sociales y ser un agregado bienvenido en todas las reuniones. Tienes que hacerte muy valioso por tu habilidad de iluminar la obscuridad. Debes aprender a expresarte a través del arte, la belleza, los amigos y la felicidad. Encontrarás tu oportunidad en el lado ligero de la vida, mezclándote en sociedad y ocupándote de cosas agradables. Debes buscar la ocupación que te da la oportunidad de expresarte artísticamente. Debes aprovechar toda ocasión para usar palabras, sea hablando, actuando, cantando o escribiendo. La atracción en el Sendero número 3 es sobre individuos y masas. Su elemento es el Fuego y se encuentra mejor en el Norte.

Número 4

Estabilidad: Debe aprender la atención estricta en o al deber. Esta iniciación rara vez incluye los viajes o expansiones. Tiene que aprender a servir y a producir. Tiene que aprender a superar la aparente limitación y hacer sustancial y perfecta la forma que estás trabajando. Encontrarás tu oportunidad profunda si no variada. Tendrás la oportunidad de construir lo benéfico y duradero y a enseñar a otros menos evolucionados que tú. Este sendero tiene posibilidades de grandes logros. La paciencia, servicio y dependencia tendrán los premios y la confianza que él inspira a otros. La atracción del Sendero número 4 es sobre comunidades. Su elemento es Tierra. Trabaja donde quiera que lo mandan y allí se queda.

Número 5

Libertad: Debe esperar cambios frecuentes, variedad, viajes y lo inesperado. Tiene que aprender el uso correcto de la libertad. Tiene que aprender idiomas y comprender a todas las clases y condiciones de gentes. Debe estar alerta para usar todo lo nuevo y progresivo. Tiene que adaptarse a circunstancias y condiciones poco comunes. Debes ejercer ingenio y seguir varios ángulos de desarrollo. Tiene que estar constantemente buscando lo nuevo, lo desconocido, beneficiándose en cada experiencia. Encontrarás tu oportunidad lejos del camino trillado si aprendes la lección del descarte y que no te quedes en la rutina. Encontrarás a personas científicas, inventivas de muchos recursos, que te beneficiarán si haces el esfuerzo de encontrarlos. Crecerás por medio de la adaptación al cambio y a la inseguridad. La atracción en el Sendero número 5 es sobre las masas y los públicos. Su elemento es el aire. Sólo puede trabajar cuando está libre, así sea en el desierto, en las altas montañas o viajando.

Número 6

Ajuste y armonía: Tienes que aprender el significado de la responsabilidad. Debes poder ajustar situaciones y condiciones desarmónicos en tu propia vida y en las vidas de aquéllos con quienes entras en contacto. Debes servir con alegría y contento, con eficacia, reposadamente y aprendiendo a equilibrar los opuestos. Debes enfrentarte a los problemas de la domesticidad y asumir muchas cargas que le pertenecen a aquellos más débiles por quienes eres responsable. Debes estar preparado a dar ayuda material o espiritual cuando te sea pedido. Tienes que mantener en todo momento tus propios ideales, pero nunca buscar el ajuste obligando a otros a aceptar los tuyos. Debes estar preparada para servir a la familia, la comunidad o el universo si fuera necesario. Encontrarás tu oportunidad en el valioso servicio que rendirás a aquéllos que necesitan ajuste espiritual o material. La atracción del Sendero número 6 es sobre la familia, comunidad, el estado o el mundo. Es gobernado por dos elementos: Tierra y Aire, bienestar material o amor impersonal transmutado.

Número 7

Sabiduría y soledad: Debes aprender del análisis mental. Debes buscar la sabiduría y las verdades ocultas. Debes desarrollarte subjetivamente de manera de ser un alto sacerdote o buen consejero. Debes aprender a estar solo, pero no sentirte solitario. Debes trabajar en teorías y fundamentos. Debes constantemente aumentar tu provisión de

conocimientos útiles. No debes ocuparte de acumular posesiones materiales y debes aprender aquello de que aquél
que pierde su vida material, la encontrará en el espíritu, Debes aplicar leyes espirituales a asuntos materiales. Debes
reposar, estudiar, meditar, adorar, estar en silencio y cono-
certe a ti mismo. No debes insistir en asociarte a otros o ser
líder de algo. Debes aprender a conocer el mundo invisible.
Encontrarás tu oportunidad en aquello que te es traído más
bien que en lo que tú buscas por ti mismo en lugares calla-
dos, lejos del ruido y la confusión del bullicio. La atracción
del Sendero número 7 es sobre individuos que necesitan
teorías o verdades sobre la vida. Su elemento es el agua
profunda y tranquila.

Número 8

Poder: Libertad material, sin ataduras. Debes estar en
un mundo de actividad comercial, asuntos de negocios, poder y logros. Debes cultivar un horizonte amplio y rehusar toda limitación. Debes desarrollar eficacia y el saber dirigir.
Debes aprender tanto a aceitar como a manejar la maquinaria. Debes tratar con aquello que no es inspirado con lo práctico y las cosas materiales de la vida, evitando sueños,
visiones y cosas imprácticas. Debes aprender las leyes que rigen el dinero, su acumulación, su poder y su uso. Encontrarás tu oportunidad entre personas y condiciones de riquezas
y aquellos que necesitan de eficacia y habilidad ejecutiva. La
atracción del Sendero número 8 es sobre las grandes corpo-
raciones y organizaciones. Su elemento es Tierra.

Número 9

Universalidad y la Fraternidad del Hombre: Tienes que aprender a ser el humanitario completo, el trabajador social. Tienes que aprender a amar y a servir a tu prójimo. Tienes que aprender a abandonar todo prejuicio de raza o casta, realizando la universidad básica de toda la gente. Tienes que colocar a los demás antes que tú. Debes esperar ser usado y renunciar a la ambición personal y a las posesiones si el bien general lo exige. Debes atraer todas las cosas, pero no atarte a ninguna. No puedes estacionarte en ninguna parte, pero considerarás el mundo entero tu hogar. Tendrás que aprender la Ley del Cumplimiento o Realización o estar colmado de cumplir tu misión porque éste es el final de una serie de iniciaciones. Tienes que dar amor, compasión, ayuda y comprensión sin límite. Encontrarás tu oportunidad entre la gente emotiva, artística e inspirada, pues tienes que aprender de la más alta vibración del artista. La atracción del Sendero número 9 es hacia los muchos o hacia todos. Su elemento es el Fuego.

Número 11

Revelación: Tienes que especializarte en la subjetividad, tienes que llevar todo al Plano de la Inspiración, tienes que ser el ultra-especialista, desarrollando talentos de invención o buscando descubrir nuevos principios. Tienes que investigar el misticismo y aplicarlo al más alto de los usos. Tienes que confiar en tus intuiciones y tener fe en una guía superior. Debes estar siempre alerta para aprender o saber el tipo de iluminación y revelación que tienes que darle al mundo. No debes tratar jamás de acumular (el número 2) y debes evitar toda tendencia a reunir dinero. Realizando que el número 11 tiene que derramar su propia luz. Tú tienes que inspirar por tu propio ejemplo, viviendo la verdad que te es revelada. Tienes que vivir humildemente en plenas candilejas. Encontrarás tu oportunidad predicando el evangelio, sea esto en las líneas espirituales, en el reino de la invención o la actuación teatral. Es posible que logres gran fama si no la buscas por motivos ulteriores. La atracción del Sendero número 11 es hacia lo inspirado, los idealistas artísticos hacia aquéllos que necesitan elevación espiritual. Su elemento es el Aire.

Número 22

Maestro material: Debes aprender a servir en una escala amplia y constructiva. Tienes que hacer usar tu poder desde un ángulo espiritual e idealista. Tienes que hacer de lo útil y lo práctico o de lo de abajo enaltecerlo (la serpiente de Moisés que la elevó en su vara). Tienes que basar la construcción y organización sobre los principios sociales. Encontrarás tu oportunidad en grandes movimientos internacionales, comerciales o instituciones filantrópicas o políticas, en asuntos de gobierno, etc. Tú tendrás la oportunidad de hacer real el sueño de paz, amor, felicidad, trabajo y prosperidad. La atracción del Sendero número 22 es sobre las masas, gobiernos, países, y razas que necesitan desarrollo y expresión. Su elemento es el Agua.

Colección
Metafísica 4 en 1

Aunque muchos libros han sido escritos basados en las *Leyes del Pensamiento*, muy pocos son los que combinan estas leyes con la Verdad Espiritual.

Es precisamente esta combinación lo que constituye una renovación para el lector no especializado. La *Colección Metafísica Conny Méndez* le ayudará a tomar el control de su vida, le enseñará a manejar su inmenso poder interior y lo guiará a través de canales constructivos mientras que la salud y la prosperidad se incrementarán visiblemente.

Conny Méndez siempre creyó que las verdades espirituales, filosóficas y metafísicas debían ser expuestas con las palabras más claras y sencillas, de manera que hasta un niño pudiera comprenderlas. De allí que la autora haya intentado, tanto como le fue posible, evitar el uso de una terminología técnica especializada. Por esa razón nunca empleó una palabra de tres sílabas donde cupiera una de dos. Indudablemente, es otro motivo que explica el creciente e imparable éxito de esta poderosa *Colección Metafísica* que la autora nos dejó desde hace aproximadamente cincuenta años y que hoy sigue más vigente que nunca.

He aquí, pues, cómo los libros de Conny Méndez han capturado los corazones —y las almas— de millones de lectores de Metafísica en Latinoamérica, España, en la población de habla hispánica de Estados Unidos, así como de cientos de miles de lectores en naciones no hispanoparlantes que han comprobado que, en efecto, la *fe mueve montañas*.

LOS EDITORES.

Volumen
I

12 x 17 cmts., 336 páginas.
ISBN: 978-980-6329-47-8

Volumen
III

NUEVO ✔

12 x 17 cmts., 320 páginas.
ISBN: 978-980-369-099-1

E-books y audiolibros disponibles en www.metafisica.com

Colección Metafísica Conny Méndez

Originales:

- ✔ Nuevo en Japonés: *Metafísica 4 en 1*. Vol. I.
- ✔ Nuevo en Italiano: *Metafísica 4 en 1*. Vol. I.
- ✔ Nuevo: *Metafísica 4 en 1*. Vol. III
- ✔ Próximamente: *Metafísica 4 en 1*. Vol. IV

Metafísica al Alcance de Todos. Nueva edición.
Metaphysics for every one (*Metafísica al alcance de todos*).
Te Regalo lo que se te Antoje. Nueva edición.
El Maravilloso Número 7. Nueva edición.
Quién es y quién fue el Conde Saint Germain. Nueva edición.
Piensa lo bueno y se te dará. Nueva edición.
Metafísica 4 en 1. Vol. I y II. Nuevas ediciones.
Power through Metaphysics (*Metafísica 4 en 1*. Vol. I).
El Nuevo Pensamiento. Nueva edición.
¿Qué es la Metafísica?
El Librito Azul. Nueva edición.
Un Tesoro más para ti.
La Voz del «Yo Soy». Nueva edición.
La Carrera de un Átomo.
Numerología.

Traducciones:

El Libro de Oro de Saint Germain. Nueva edición.
Misterios Develados. Nueva edición.
Los Secretos de Enoch (por Luisa de Adrianza).
La Mágica Presencia. Nueva edición.
Palabras de los Maestros Ascendidos. Vol. I y II.

Otras obras

Autobiografía/humor/caricatura:

La chispa de Conny Méndez. Nueva edición.

Música:

Cien años de Amor y Luz (CD).
Conny Méndez instrumental (CD).
La Cucarachita Martina (CD y libro de música infantil).
Imágenes románticas (CD) (interpretación de María J. Báez).

E-books y audiolibros disponibles en www.metafisica.com

Índice

Numerología

Conny Méndez

*N*ació en Caracas, el 11 de abril de 1898. Hija del distinguido escritor y poeta Don Eugenio Méndez y Mendoza, y de Doña Lastenia Guzmán de Méndez y Mendoza. Como productora, directora y actriz, dedica varios años a actividades teatrales en actos celebrados a beneficio de la Cruz Roja Internacional, período en el cual Doña Margarita de Guinand es directora de dicha institución. Su obra musical consta de más de cuarenta composiciones entre las que se destacan, por su aceptación entre el público, aquellas de carácter popular (muchas de las cuales figuran en una importante discográfica), sin faltar algunas del género clásico y romántico, incluyendo un Oratorio de inspiración sacra. Fue autora de todos los textos de su obra musical. Realizó giras internacionales ofreciendo conciertos de canto y guitarra.

Funda en 1946 el movimiento de Metafísica Cristiana en Venezuela, consagrándose de lleno a la enseñanza esotérica a través de sus libros y conferencias.

Fue condecorada en tres ocasiones con: Diploma y Botón de Oro Cuatricentenario, 1967; Diploma y Medalla de Buen Ciudadano, 1968; Orden Diego de Losada en 2a. Clase, 1976.

Recibió además, en reconocimiento de su labor artística, cultural y humanitaria, numerosos homenajes y galardones, así como diversas placas en reconocimiento de su labor en el campo de la Metafísica Cristiana.

✠

Para más información visite nuestra página WEB: **www.metafisica.com** o escríbanos por e-mail a **infolibros@metafisica.com**

Distribuidora Gilavil, C. A.
Apartado 51.467, Caracas 1050
Tel. +58 (212) 762 4985
Tel./FAX +58 (212) 762 3948
Venezuela

POBA 2-30032,
P.O. BOX 02-5255
Miami, FL 33102-5255
USA

Este libro se terminó de imprimir en
el mes de agosto de 2013 en Romanyà-Valls,
Capellades (Barcelona).